Almuth Bartl

Knobel-Lernspiele für die 4. Klasse

Differenzierte Rätselaufgaben
Kopiervorlagen mit verschlüsselter Lösung

Auer Verlag GmbH

Gedruckt auf umweltbewusst gefertigtem, chlorfrei gebleichtem und alterungsbeständigem Papier.

1. Auflage 2010
Nach den seit 2006 amtlich gültigen Regelungen der Rechtschreibung
© by Auer Verlag GmbH, Donauwörth
Alle Rechte vorbehalten
Das Werk und seine Teile sind urheberrechtlich geschützt. Jede Nutzung in anderen als den gesetzlich zugelassenen Fällen bedarf der vorherigen schriftlichen Einwilligung des Verlages. Hinweis zu § 52 a UrhG: Weder das Werk noch seine Teile dürfen ohne seine solche Einwilligung eingescannt und in ein Netzwerk eingestellt werden. Dies gilt auch für Intranets von Schulen und sonstigen Bildungseinrichtungen.
Illustrationen: Stefanie Aufmuth
Satz: Fotosatz H. Buck, Kumhausen
Druck und Bindung: Franz X. Stückle Druck und Verlag, Ettenheim
ISBN 978-3-403-06154-0

www.auer-verlag.de

Inhaltsverzeichnis

Vorwort 4

Deutsch

1. In der Tierschule 5
2. Sams Brief 6
3. Was ist denn das? 7
4. Wörter verdrehen 8
5. Die Wörter-Uhr 9
6. Das Riesenrad 10
7. Lies genau! 11
8. Ein Wort muss weg! 12
9. Wann? Wo? Wie? 13
10. Merkwürdige Vornamen 14
11. Die Katze im Sack 15
12. Heidi Schweins Internet-Kontakt ... 16
13. Das Doppelwörter-Spiel 17

Mathe

1. Grau-schwarze Rechnungen 18
2. Ellis Rechenteppich 19
3. Das Treppenrätsel 20
4. Raketenstart 21
5. Bonbons zu verkaufen 22
6. Die Zahlen-Sortier-Maschine 23
7. Ellis Zaubertafel 24
8. Der Rechenmarkt 25
9. Die Ausmalautos 26
10. Tischtennispartner 27
11. Froschbacher Mathematikstunde .. 28
12. Die Knobelballons 29
13. Tierische Rechenprobleme 30
14. Gespiegelt 31
15. Wertvolle Namen 32

Sachunterricht/Allgemeinwissen

1. Die Bundesländer in Deutschland .. 33
2. Rund ums Fahrrad 34
3. Von Kontinent zu Kontinent 35
4. Das verkehrssichere Fahrrad 36
5. Tiere und ihre Behausungen 37
6. Kleine Flaggen-Kunde 38

Englisch

1. Das Wörter-Spiel 39
2. Die Buntstifte 40
3. Die Zahlen 41
4. Welche Zahlen fehlen? 42
5. Die Tierbilder 43
6. Vokabel-Quiz 44
7. Ellis Wörterquatsch 45
8. Wie spät ist es? – What time is it? .. 46
9. Die Wörter-Ballons 47
10. Charly's new home 48
11. Yes or no? 49

Kreativität/Handarbeit

1. Ein Ufo über Froschbach 50
2. Zweckentfremdet 51
3. Die Besiedelung von Gamma 27 ... 52
4. Der Ritt zur Schule 53
5. Dagobert Dachs und der Geldregen 54

Konzentration/Gedächtnis

1. Das Doppelmuster 55
2. Das Pfoten-Sudoku 56
3. Berufe raten 57
4. Schau genau! 58
5. Abfahrt 10.00 Uhr! 59
6. Die Dreiecks-Kuh 60
7. Die neue Nachbarin 61
8. Im Kreis herum 62
9. Ansichtssache 63
10. Punkt für Punkt 64
11. Die Kreuzchen-Bilder 65
12. Das Puzzle-Bild 66
13. Die Füller-Knüller 67
14. Bitte Platz nehmen! 68
15. Die Alphabet-Botschaft 69

Lösungen 70

Vorwort

In diesem Buch finden Sie 65 „kleine" Rätselaufgaben speziell für Ihre 4. Klasse. Leitfiguren sind die schlaue Ente Elli und der gutmütige Fuchs Sam, die Ihre Kinder durch das Schuljahr begleiten.

In den Knobel-Lernspielen werden wichtige Grundlagen der Hauptfächer vermittelt, sie regen die Kombinationsfähigkeit an, trainieren Konzentration, Gedächtnis und Kreativität der Viertklässler und vor allem: Sie machen Spaß.

Die Arbeitsblätter sind schnell vorbereitet: Einfach kopieren und schon kann es losgehen! Und das Beste: Sie als Lehrerin bzw. Lehrer brauchen sich keine Gedanken über die Lösung der Aufgaben zu machen, denn die ist auf den Arbeitsblättern bereits angelegt. Entweder sind die Knobelspiele selbstlösend oder die Lösung wird in verschlüsselter Form vorgegeben und bietet selbst wieder Anlass zum fröhlichen Knobeln.

Um auch für alle Schülerinnen und Schüler gleich einsetzbar zu sein, gibt es auf den Arbeitsblättern (wo notwendig) für Schwächere eine abtrennbare **Erste-Hilfe-Kiste** mit Lösungshinweisen.

Für ganz flinke Knobler gibt es auf den meisten Arbeitsblättern noch eine **Schnelldenker-Zusatzaufgabe**, die eine weiterführende Knobelei anbietet.

So sind die Knobel-Lernspiele für jedes Kind einsetzbar und können immer wieder in den Unterrichtsalltag integriert werden – für Aufwärmphasen zu Unterrichtsbeginn, Übung und Anwendung von Gelerntem, zur Differenzierung oder Auflockerung sowie zum spielerischen Stundenausklang. Außerdem ist dieses Buch eine ideale Quelle schneller und sinnvoller Aufgaben für Vertretungsstunden.

Und nun wünsche ich Ihnen und Ihren Viertklässlern viel Spaß beim Knobeln!

Name: _____ Datum: _____

In der Tierschule

Lehrer Karotti macht es heute besonders spannend. Nur ein Tier hat nämlich eine Eins in Musik bekommen und es ist das Tier, dessen Name er nicht an die Tafel geschrieben hat.

Stelle die Buchstaben in jedem Tafelwort so um, dass ein Tiername entsteht. Schreibe den Namen auf die leere Zeile daneben! Suche dann das passende Tier und male einen Haken daneben!
Wenn du alles richtig machst, bleibt am Schluss das Tier übrig, das die Eins bekommen hat. Male es bunt an!

SAHE _____
FEEALTN _____
ARZBE _____
SRCHOF _____
CHFSU _____
ETZKA _____
IGNINUP _____
FCHAS _____

Schnelldenker-Aufgabe:

Von den anderen Tieren haben die zwei mit dem gleichen Anfangsbuchstaben eine Zwei bekommen. Male ihre Pullover grün oder blau an.
Alle Tiere mit einem „a" im Namen haben eine Drei in Musik. Male ihre Pullover gelb oder rot an.
Das Tier, das übrig bleibt, war bei der Probe krank. Welche Gemeinsamkeit haben dieses Tier und das Tier, das eine Eins bekommen hat?

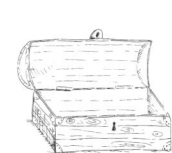

_____

Erste-Hilfe-Kiste:

Hier findest du die Anfangsbuchstaben der Tiernamen in der Reihenfolge, wie sie an der Tafel stehen. Jetzt fällt es dir bestimmt leichter, die richtigen Wörter zu finden:
H, E, Z, F, F, K, P, S.

Deutsch 1

Name: _____ Datum: _____

Sams Brief

In jeder Zeile passt ein Wort nicht zu den anderen.
Wenn du diese „Kuckuckseier" am Ende zusammen liest,
weißt du, was Sam seiner Freundin Elli geschrieben hat.

Liebe Elli,

auf	bei	unter	(mir)	am	vor
reden	lachen	singen	geht	hören	trinken
ein	eine	es	einer	eines	einen
einig.	gut.	artig.	traurig.	eisig.	windig.

Meine	er	ich	sie	wir	ihr
Birne	Ball	Besen	Baum	Tante	Bus
singst	trägst	schreibst	ist	schläfst	kochst
grün.	rot.	nett.	rosa.	blau.	braun.

Susi	Sarah	Sabine	Stefanie	Sie	Sandra
beleidigen	besuchen	beteiligen	begaben	berauschen	bäckt
zwei	jeden	vier	fünfzehn	dreißig	elf
Wind	Wald	Wolf	Tag	Wort	Welt
Bus.	Klo.	Ast.	Tür.	Kuchen.	Ort.

Am	Arm	Ast	Alm	Aal	Axt
September	Mai	März	Juni	August	Donnerstag
leise	gut	eng	schlau	dick	gehen
was	wo	wann	wohin	wir	wer
er	ich	in	sie	wir	ihr
eng	arm	alt	gut	den	fit
Hund.	Zirkus.	Kuh.	Pferd.	Bär.	Frosch.

Viele Grüße
Dein Sam

Erste-Hilfe-Kiste:
Achte besonders auf die Wortarten, die Endungen, die Anfangsbuchstaben und die Länge der Wörter. Manchmal passt das gesuchte Wort auch von seinem Sinn her nicht zu den anderen.

Name: _____ Datum: _____

Was ist denn das?

Hier werden Begriffe gesucht. Lies die Beschreibungen genau durch!
Suche das passende Bild und trage den Erkennungsbuchstaben in das Kästchen ein!

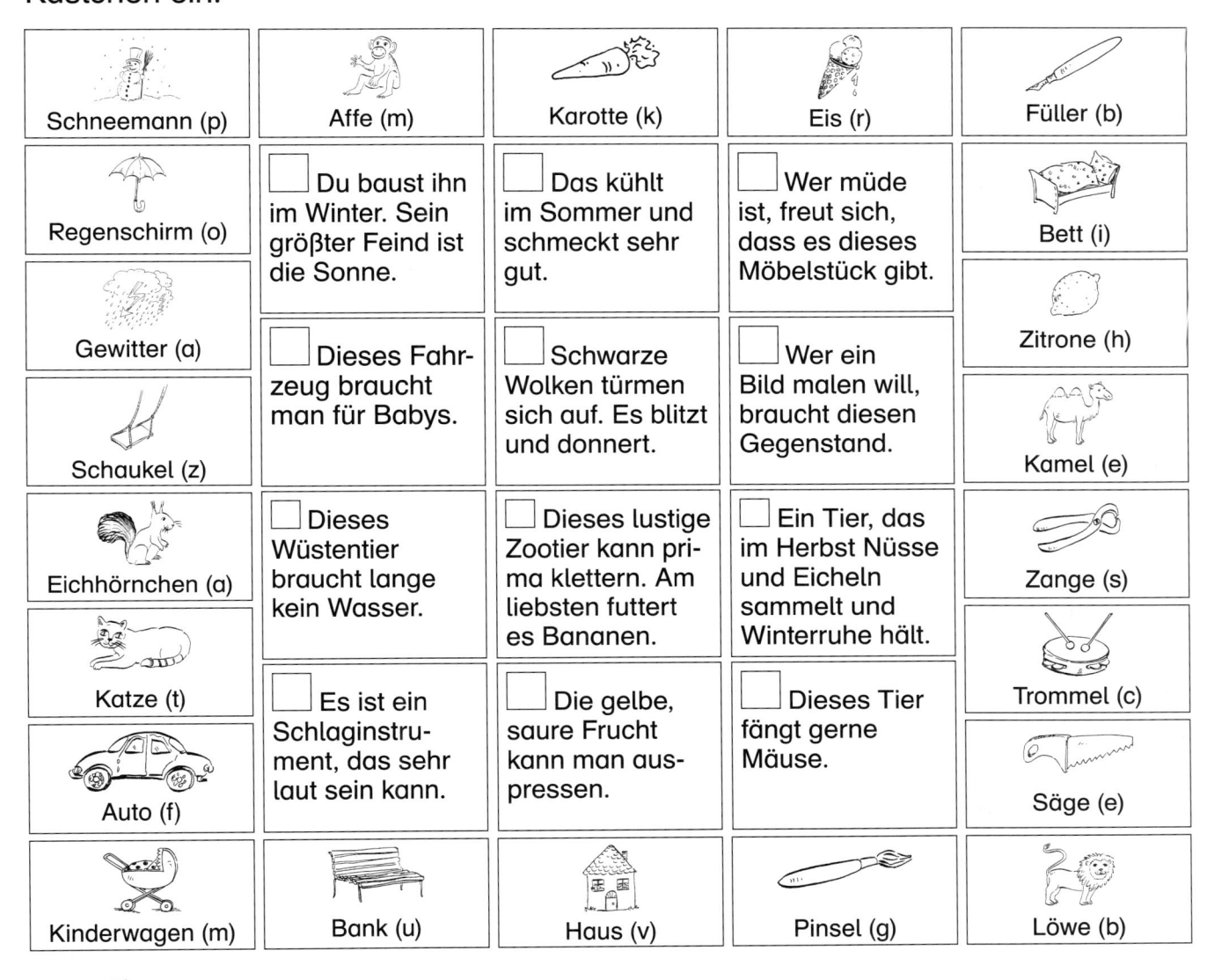

Schneemann (p)	Affe (m)	Karotte (k)	Eis (r)	Füller (b)
Regenschirm (o)	☐ Du baust ihn im Winter. Sein größter Feind ist die Sonne.	☐ Das kühlt im Sommer und schmeckt sehr gut.	☐ Wer müde ist, freut sich, dass es dieses Möbelstück gibt.	Bett (i)
Gewitter (a)				Zitrone (h)
Schaukel (z)	☐ Dieses Fahrzeug braucht man für Babys.	☐ Schwarze Wolken türmen sich auf. Es blitzt und donnert.	☐ Wer ein Bild malen will, braucht diesen Gegenstand.	Kamel (e)
Eichhörnchen (a)	☐ Dieses Wüstentier braucht lange kein Wasser.	☐ Dieses lustige Zootier kann prima klettern. Am liebsten futtert es Bananen.	☐ Ein Tier, das im Herbst Nüsse und Eicheln sammelt und Winterruhe hält.	Zange (s)
Katze (t)				Trommel (c)
Auto (f)	☐ Es ist ein Schlaginstrument, das sehr laut sein kann.	☐ Die gelbe, saure Frucht kann man auspressen.	☐ Dieses Tier fängt gerne Mäuse.	Säge (e)
Kinderwagen (m)	Bank (u)	Haus (v)	Pinsel (g)	Löwe (b)

Lies die Erkennungsbuchstaben zusammen und trage das Lösungswort ein: _____ !

Schnelldenker-Aufgabe:
Schreibe ein Suchrätsel für einen Elefanten!

_____

_____

Deutsch 3

Name:	Datum:

Wörter verdrehen

Dieses Spiel hat Elli erfunden, weil sie so gerne Wörter verdreht.
Lies die Wörter durch und kreuze alle an, die auch in verdrehter Form Sinn machen, zum Beispiel:
Schlossgespenster ↔ Gespensterschloss

- ☐ Würstchengrill
- ☐ Glasfenster
- ☐ Salatgurken
- ☐ Winterwetter
- ☐ Pfandflaschen
- ☐ Hausrat
- ☐ Wiesenblumen
- ☐ Quarkspeise
- ☐ Spielwürfel
- ☐ Hunderasse

- ☐ Topfpflanzen
- ☐ Nudelsuppen
- ☐ Schlosstür
- ☐ Hausschuh
- ☐ Taschenlampe
- ☐ Ringfinger
- ☐ Perlenkette
- ☐ Schlafzimmer
- ☐ Baumstamm
- ☐ Abendrot

- ☐ Schaufenster
- ☐ Regenbogen
- ☐ Ofenkachel
- ☐ Kaffeefilter
- ☐ Zahngold
- ☐ Regenwurm
- ☐ Buchseite
- ☐ Pferdezucht
- ☐ Milchkuh
- ☐ Blumengarten

Alles richtig gemacht? Dann hast du jetzt *21* Wörter angekreuzt!

Schnelldenker-Aufgabe:

Welche Umdreh-Wörter sind hier gemeint?

Hosenträger   Felltrommel   Handkuss   Speerwurf

_____   _____   _____   _____

Und worin unterscheiden sich: Fischdosen und Dosenfisch?

_____

_____

Name: _____ Datum: _____

Die Wörter-Uhr

Jetzt darfst du Wörter zusammensetzen und zwar so:
Überlege dir zu jeder Uhrzeit, wo die Zeiger stehen,
und schreibe das entsprechende zusammen-
gesetzte Wort daneben.

Ein Wort habe ich schon gefunden!

12.10 Uhr: *Haustür*

7.15 Uhr: _____

9.25 Uhr: _____

10.05 Uhr: _____

11.25 Uhr: _____

5.00 Uhr: _____

8.20 Uhr: _____

6.05 Uhr: _____

11.15 Uhr: _____

10.00 Uhr: _____

Jetzt darfst du ein paar Quatschwörter bilden, zum Beispiel:
11.05 Uhr, 6.45 Uhr, 6.35 Uhr, 9.40 Uhr, 3.40 Uhr

Schnelldenker-Aufgabe:

Schreibe die passenden Uhrzeiten neben die Wörter:

Regenreifen: _____ Apfelschnee: _____

Autotür: _____ Gummiapfel: _____

Deutsch 5

Name: _____ Datum: _____

Das Riesenrad

Alles einsteigen! Gleich beginnt die Fahrt mit dem Riesenrad. Natürlich dürfen nur die Tiere mitfahren, die eine gültige Fahrkarte besitzen.
Das Wort auf der Fahrkarte muss <u>mit beiden</u> Vorsilben im Riesenrad sinnvoll zusammensetzbar sein, zum Beispiel „kaufen" (**ein**kaufen, **ver**kaufen). Kreise alle acht Tiere ein, die in die Gondeln einsteigen dürfen.

Wörter auf den Schildern: weihen, schlafen, schenken, seifen, malen, treten, teilen, packen, tragen, lassen, stürzen, bringen

Riesenrad-Vorsilben: ein-, ver-

Lösung: Diese Tiere dürfen diesmal nicht mitfahren (Streiche alle F und B!):
FKBAFTBZFFE   BHFUBNFDF   BFKFFUBHF   FHAFSBEBF

Schnelldenker-Aufgabe:

Streiche alle fünf Wörter durch, die mit der Vorsilbe „um" kein sinnvolles, neues Wort ergeben:
drehen, ziehen, steigen, kehren, rühren, schlafen, bauen, singen, fahren, graben, hängen, reden, blättern, armen, weisen, leiten, trinken.

- -

Erste-Hilfe-Kiste:

Überlege, ob der Igel in eine Gondel einsteigen darf. Ja, weil wir sagen können: „*Der Bauer muss seine Ernte **ein**bringen*" und „*Wir **ver**bringen die Ferien auf Usedom*".
Wie ist es mit der Kuh? Gibt es das Wort „einstürzen"? Ja, z. B. „*Das Haus wird bald **ein**stürzen*". Gibt es das Wort „verstürzen"? Nein. Die Kuh darf leider nicht mitfahren.

| Name: | Datum: |

Lies genau!

Lies jeden Satz genau und streiche dann in der Zeile darunter die Wörter durch, die nicht im Satz vorkommen!

Elli gießt jeden Morgen und jeden Abend die Geranien in den Balkonkästen mit lauwarmem Wasser.
Begonien gießt Blumenkästen Geranien Balkonkästen gießen Elli lauwarmem jeder Abend

Unter der Rinde vieler Bäume findet man Käfer und andere Insekten.
Käfig vieler findet anderes Käfer andere Ameisen finden Insekten Rinde

Pauline läuft in die Küche, um dort in den Schubladen nach einem Gummiring zu suchen.
läuft Gummiband dort Schubladen sucht Gummiring lief suchen einem Schränke

Wer anderen eine Grube gräbt, fällt nicht selten selbst hinein.
hinein anderen anders gräbt hinauf fällt selber graben selbst Grube

Zu meinem letzten Geburtstag schickte mir meine liebe Tante Hannelore ein Päckchen.
Geschenk meinem Oma letzten meine liebe schickte vorletzter Päckchen Paket

Emil saust jeden Tag zum Kiosk und kauft sich dort ein riesiges Erdbeereis.
Eisdiele saust riesig jeden Kiosk kauft riesiges sausten dort Kino

Elli und Sam bummeln gerne abends durch die Stadt und betrachten die Schaufenster.
Sam bummeln Stadt Abend bimmeln betrachten abends bammeln durch Schaufel

Die vergessliche Giraffe sucht schon wieder ganz verzweifelt nach ihren Hausschuhen.
Giraffe zweifelte sucht ihm verzweifelt ihren Turnschuhen Hausschuhen Affe vergessliche

Erste-Hilfe-Kiste:

Schau genau hin und zähle nach! Von den Auswahlwörtern sind immer vier falsch!

Ein Wort muss weg!

In jedem Kästchen kannst du drei Wörter lesen.
Zwei davon bedeuten ungefähr das Gleiche, aber
ein Wort hat eine andere Bedeutung.
Kreise seinen Erkennungsbuchstaben ein!

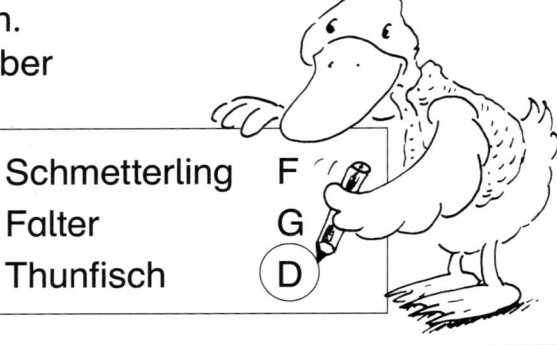

Schmetterling	F
Falter	G
Thunfisch	Ⓓ

lügen	(z)
ärgern	(a)
schwindeln	(m)

mutig	(t)
tapfer	(i)
gesund	(s)

trinken	(k)
laufen	(d)
rennen	(e)

sprechen	(p)
kauen	(a)
reden	(g)

neblig	(n)
ruhig	(w)
still	(o)

brav	(v)
artig	(d)
frei	(n)

eisig	(u)
frostig	(m)
glatt	(s)

Großmutter	(l)
Gefährtin	(t)
Oma	(a)

Gewissen	(d)
Angst	(u)
Furcht	(h)

schläfrig	(e)
müde	(r)
krank	(u)

Busch	(f)
Vase	(p)
Strauch	(o)

bringen	(r)
anfangen	(z)
beginnen	(m)

Hubschrauber	(w)
Helikopter	(d)
Flugzeug	(i)

umsonst	(m)
billig	(a)
preiswert	(c)

beenden	(h)
winken	(a)
aufhören	(u)

Trage jetzt alle eingekreisten Buchstaben der Reihe nach hier ein:

D ☐ ☐   ☐ ☐ ☐ ☐ ☐   ☐ ☐   ☐ ☐ ☐ ☐ ☐ !

Erste-Hilfe-Kiste:
Wenn du einmal nicht weißt, welches Wort nicht zu den anderen passt, dann bilde dreimal den gleichen Satz und tausche nur das eine Wort aus. Jetzt merkst du schnell, welches Wort nicht die gleiche Bedeutung besitzt.

| Name: | Datum: |

Wann? Wo? Wie?

Die folgenden Wörter sind entweder eine Zeitangabe, eine Ortsangabe, ein Eigenschaftswort oder keines von alledem.
Schreibe neben eine Zeitangabe ein **Z**, neben eine Ortsangabe ein **O**, neben eine Eigenschaft, wie etwas oder jemand ist, ein **W**. Wenn keines zutrifft, schreibst du ein **X** neben das Wort. Alles klar? Dann geht's jetzt los!

☐ bald	☐ links	☐ blau	
☐ außen	☐ jetzt	☐ abends	
☐ eng	☐ achtzig	☐ vorne	
☐ zwischen	☐ immer	☐ Willi	
☐ krank	☐ niemals	☐ innen	
☐ unten	☐ kaputt	☐ heute	
☐ unser	☐ nachher	☐ irgendwann	
☐ oben	☐ beißen	☐ dort	
☐ rechts	☐ wertvoll	☐ sonnig	
☐ mittags	☐ beide	☐ dahinter	
☐ weich	☐ zuletzt	☐ vorsichtig	
☐ offen	☐ oft	☐ jemand	
☐ nah	☐ manchmal	☐ rechtzeitig	
☐ werden	☐ später	☐ drüben	
☐ gestern	☐ müssen	☐ montags	
☐ inzwischen	☐ neben	☐ bunt	

Kontrolliere:

1. Spalte: 2 · Z, 5 · O, 4 · W, 1 · X   2. Spalte: 6 · Z, 1 · O, 2 · W, 3 · X
3. Spalte: 3 · Z, 4 · O, 3 · W, 2 · X   4. Spalte: 6 · Z, 3 · O, 1 · W, 2 · X

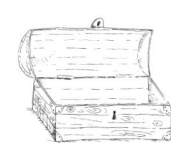

Erste-Hilfe-Kiste:
Das sind die Z-Wörter:
Bald, jetzt, abends, immer, niemals, heute, nachher, irgendwann, mittags, zuletzt, oft, manchmal, rechtzeitig, später, gestern, montags, inzwischen.

Name:	Datum:

Merkwürdige Vornamen

Na, Mimi Maus hat ihren *28* Kindern aber wirklich merkwürdige Vornamen gegeben! Lies doch mal, was auf den Schildern steht! Nur wer genau hinsieht, entdeckt die Namen in den Wörtern. Suche die Namen und male die Buchstaben grün nach! Male dann jedes Mäusemädchen rot und jeden Mäusebuben blau an!

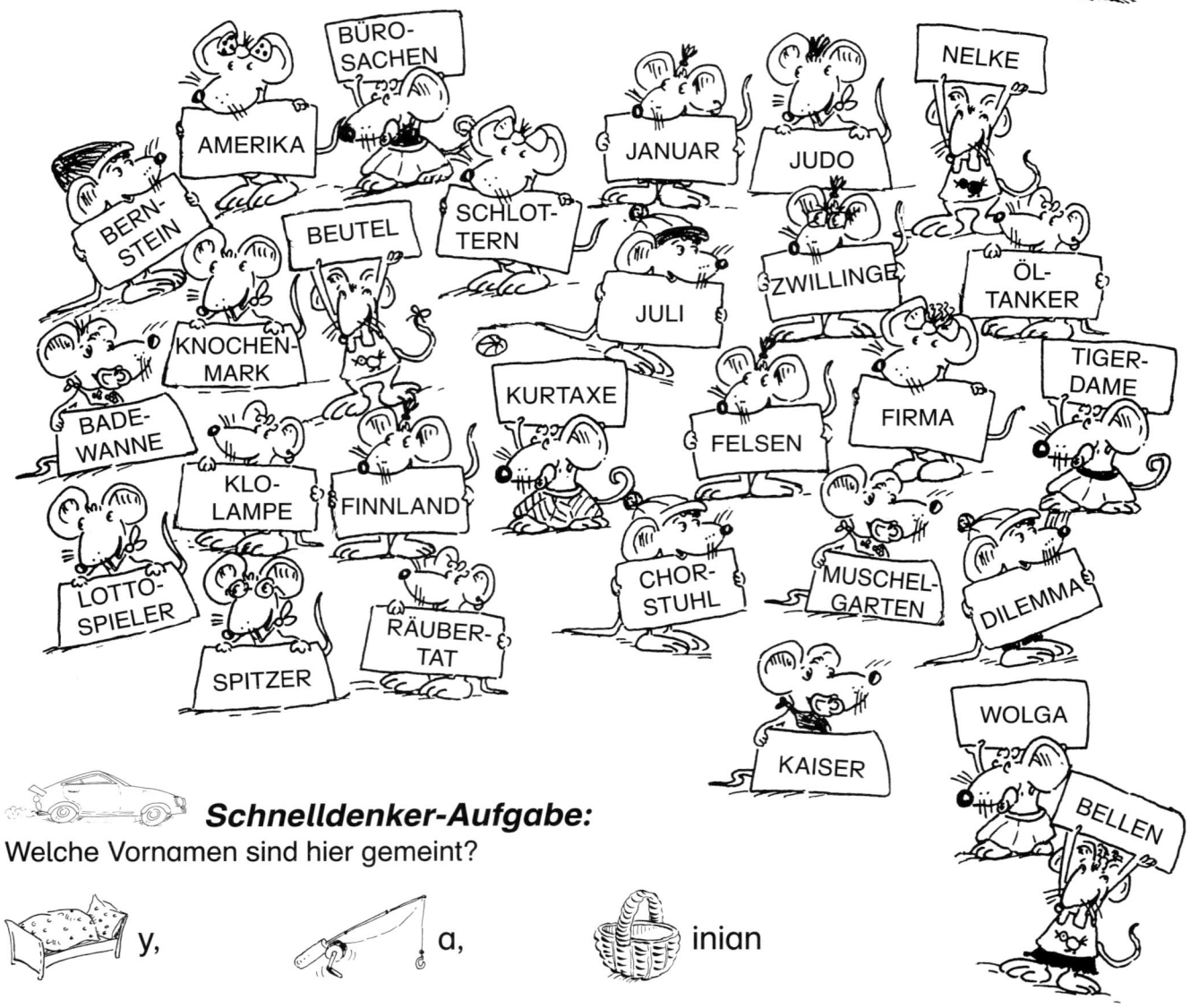

BÜROSACHEN
AMERIKA
NELKE
JANUAR
JUDO
BERNSTEIN
BEUTEL
SCHLOTTERN
ZWILLINGE
ÖLTANKER
JULI
KNOCHENMARK
TIGERDAME
BADEWANNE
KURTAXE
FELSEN
FIRMA
KLOLAMPE
FINNLAND
CHORSTUHL
MUSCHELGARTEN
DILEMMA
LOTTOSPIELER
RÄUBERTAT
SPITZER
KAISER
WOLGA
BELLEN

Schnelldenker-Aufgabe:
Welche Vornamen sind hier gemeint?

🛏 y,   🎣 a,   🧺 inian

- -

Erste-Hilfe-Kiste:
Diese Namen sind versteckt:

Kurt Ellen Anke Mark
Ute Uli Udo Jan Else
Lola Berta Rosa Irma Erika
Horst Helga Elke Willi
Pit
Lotte Otto Kai Gerda
Finn Ernst Anne Olga

Name:	Datum:

Die Katze im Sack

Dieses Knobelspiel ist für zwei Kinder. Streicht abwechselnd einen oder mehrere Säcke gleichzeitig durch, nur nicht den Sack mit der Katze. Die Tiere oder Dinge in allen Säcken, die ihr durchstreicht, müssen eine Gemeinsamkeit aufweisen. So könnt ihr zum Beispiel alle Säcke mit Raubtieren durchstreichen oder alle Säcke mit Dingen, die mit dem gleichen Buchstaben beginnen, oder alles, was man essen kann usw.

Wer am Ende die letzten Säcke durchstreicht, sodass nur noch der Sack mit der Katze übrig bleibt, dem gratuliert sein Spielpartner zum Sieg.

Tipp: Streicht die Säcke mit Bleistift durch, dann könnt ihr radieren und gleich noch eine Runde spielen!

Schildkröte, Radiergummi, Wurst, Bauklötze, Bus, Käse

Torte, Eis, Löwe, Schirm, Tomate, Lastauto, Ball

Katze, Tisch, Schrank, Puppe, Lineal, Tiger

Brot, Hund, Bett, Spitzer, Stuhl, Schaf

Schnelldenker-Aufgabe:

Suche in jeder Reihe den Gegenstand, der nicht zu den anderen passt!

→ Frühling   Herbst   Gründonnerstag   Winter   Sommer

→ Schwalbe   Känguru   Papagei   Uhu   Schmetterling

→ Pferd   Hund   Frosch   Maus   Katze

Name:	Datum:

Heidi Schweins Internet-Kontakt

Heidi Schwein hat im Internet eine Brieffreundin gefunden und die beiden schreiben sich regelmäßig lustige E-Mails. Aber heute ist Heidi doch ein bisschen erschrocken, als ihr die neue Freundin schreibt, welcher Tierart sie angehört. Was für ein Tier die Brieffreundin ist, erfährst du, wenn du dieses Rätsel löst. Schreibe die 15 Lösungsbuchstaben neben die Zeilen in die Kästchen!

Der 1. Buchstabe ist in MITTE, aber nicht in MITTWOCH. ☐
Der 2. Buchstabe ist in WIEGE, aber nicht in WIESE. ☐
Der 3. Buchstabe ist in KERN, aber nicht in FERKEL. ☐
Der 4. Buchstabe ist in TAL, aber nicht in GUMMISTIEFEL. ☐
Der 5. Buchstabe ist in SCHULE, aber nicht in SUCHEN. ☐
Der 6. Buchstabe ist in STUHL, aber nicht in LUSTIG. ☐
Der 7. Buchstabe ist in ASCHE, aber nicht in HASE. ☐
Der 8. Buchstabe ist in LISTE, aber nicht in LEITER. ☐
Der 9. Buchstabe ist in TROPF, aber nicht in TOPF. ☐
Der 10. Buchstabe ist in SCHERE, aber nicht in SCHIRM. ☐
Der 11. Buchstabe ist in MOPS, aber nicht in SOMMER. ☐
Der 12. Buchstabe ist in PILZ, aber nicht in FILZ. ☐
Der 13. Buchstabe ist in SCHAF, aber nicht in SCHIFF. ☐
Der 14. Buchstabe ist in KILO, aber nicht in KINO. ☐
Der 15. Buchstabe ist in BANK, aber nicht in BANANE. ☐

Lies die Lösungsbuchstaben von unten nach oben!

Lösung: Lies jeden dritten Buchstaben zusammen:
GFKEWLRTACVPOSPADERZRBVSLKCRAHEGLPOAIJNMNGRQE

Schnelldenker-Aufgabe:
Welcher Buchstabe befindet sich in jedem dieser Wörter?
Sensationell – prima – grandios – wunderbar – bravo

Name: _____ Datum: _____

Das Doppelwörter-Spiel

Suche jeweils den Buchstaben, der das Wörterpaar ergänzt. Der gesuchte Buchstabe ist der Endbuchstabe des linken Wortes und zugleich der Anfangsbuchstabe des rechten Wortes.

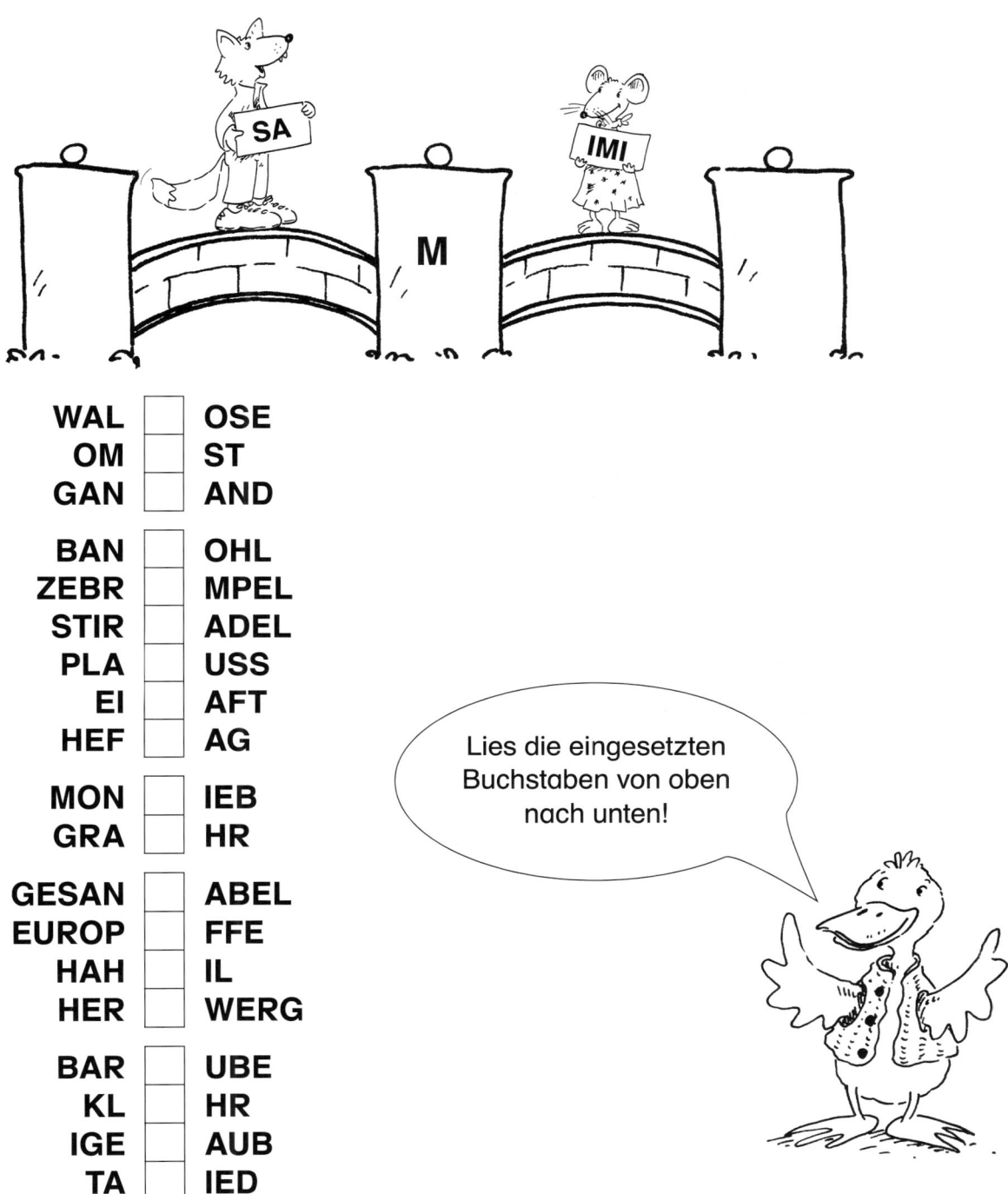

SA M IMI

WAL	☐	OSE
OM	☐	ST
GAN	☐	AND

BAN	☐	OHL
ZEBR	☐	MPEL
STIR	☐	ADEL
PLA	☐	USS
EI	☐	AFT
HEF	☐	AG

| MON | ☐ | IEB |
| GRA | ☐ | HR |

GESAN	☐	ABEL
EUROP	☐	FFE
HAH	☐	IL
HER	☐	WERG

BAR	☐	UBE
KL	☐	HR
IGE	☐	AUB
TA	☐	IED

Lies die eingesetzten Buchstaben von oben nach unten!

Schnelldenker-Aufgabe:

Welche Buchstaben fehlen hier?

BU ☐ E EE TO ☐ AD FE ☐ IS TE ☐ I OP ☐ LM

Deutsch 13   17

Name: _____ Datum: _____

Grau-schwarze Rechnungen

Stell dir vor, alle geraden Zahlen wären schwarz und alle ungeraden Zahlen wären grau. Male sie entsprechend aus.

1 2 3 4 5 6 7 8 9
10 11 12 13 14 15 16 17 ...

Lies dir die folgenden Sätze durch und male als Antwort das Kästchen daneben in der entsprechenden Farbe, Schwarz oder Grau, an!

Welche Farbe ergibt

eine schwarze Zahl plus eine graue Zahl? ☐

eine schwarze Zahl plus eine schwarze Zahl? ☐

eine schwarze Zahl minus eine graue Zahl? ☐

eine schwarze Zahl minus eine schwarze Zahl? ☐

eine graue Zahl minus eine schwarze Zahl? ☐

eine graue Zahl plus eine graue Zahl? ☐

eine graue Zahl minus eine graue Zahl? ☐

eine graue Zahl mal eine graue Zahl? ☐

eine graue Zahl mal eine schwarze Zahl? ☐

Schnelldenker-Aufgabe:
Welche Farbe ergibt: Eine schwarze Zahl mal eine schwarze Zahl minus eine graue Zahl plus eine graue Zahl? ☐

Erste-Hilfe-Kiste:
Setze für jede Farbzahl einfache Zahlen ein, dann weißt du ganz schnell, welche Farbe die Ergebniszahl haben wird. Beispiel:
Eine schwarze Zahl plus eine graue Zahl. Du setzt ein: *4 + 1 = 5.* Fünf ist eine ungerade Zahl, also grau. Nimm nun eine andere gerade Zahl und eine andere ungerade Zahl und sieh dir das Ergebnis an.

Name:				Datum:		

Ellis Rechenteppich

Elli hat sich ein schwieriges Rechenrätsel für dich ausgedacht. Wenn du es lösen willst, musst du auf dem Rechenteppich immer zwei Nachbarzahlen einkreisen, die zusammengezählt *1000* ergeben. Die Zahlen können nebeneinander, untereinander oder diagonal beisammen stehen.

499	280	720	390	150	850	990
100	501	350	610	450	800	10
330	50	440	560	200	666	334
670	20	130	870	380	105	770
555	980	300	780	895	620	230
445	999	700	220	50	825	100
1	650	350	403	597	900	175

Wenn du fertig bist, zählst du die übrig gebliebenen Zahlen zusammen und erhältst die Lösungszahl.

Lösungszahl: Lies von rechts nach links: dnesuat

Schnelldenker-Aufgabe:
Eine Zahl gibt es doppelt auf dem Rechenteppich. Welche ist das? Kreise sie mit einem roten Stift ein!

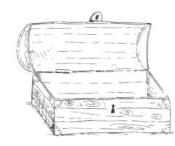

Erste-Hilfe-Kiste:
„Diagonal" kann so aussehen: Oder so:

Name: _____ Datum: _____

Das Treppenrätsel

Wie müssen diese Zahlen in die leeren Felder der Treppe eingetragen werden, damit in jeder waagrechten und senkrechten Reihe, die jeweils mit einem Pfeil → gekennzeichnet sind, als Summe *18* herauskommt?

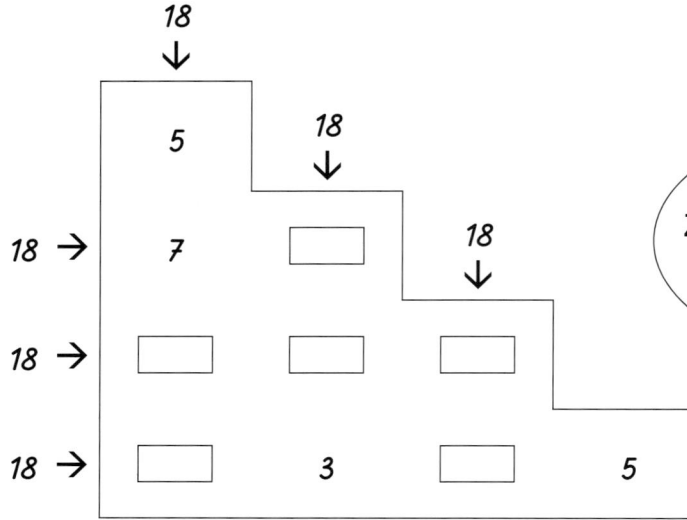

Zahlen: 11, 2, 4, 6, 12, 4

```
       18
       ↓
      ┌───────┐
      │   5   │   18
      │       │   ↓
18 → │   7   │ [  ]         18
      │       │              ↓
18 → │ [  ]  │ [  ]  │  [  ]
      │       │              │
18 → │ [  ]  │   3   │  [  ]  │   5
```

Tipp: Schreibe die Zahlen mit Bleistift in die Felder! Dann kannst du auch mal radieren.

Schnelldenker-Aufgabe:

Gleich noch mal? Jetzt ergeben die Zahlen zusammengezählt die Summe *20*!

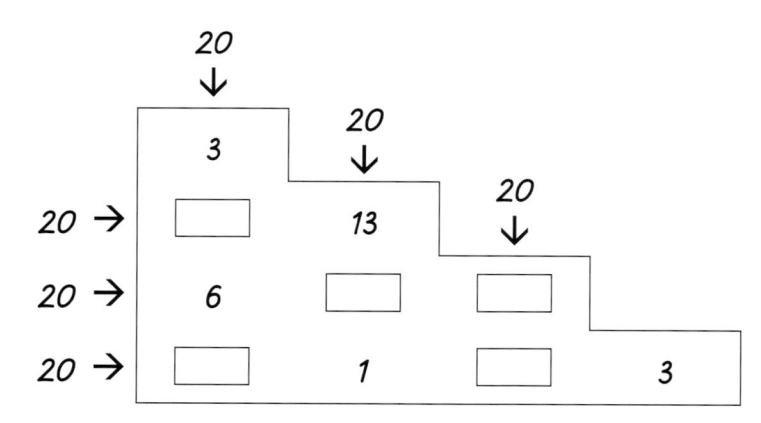

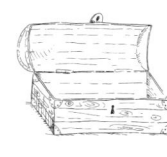

```
       20
       ↓
      ┌───────┐
      │   3   │   20
      │       │   ↓
20 → │ [  ]  │  13          20
      │       │              ↓
20 → │   6   │ [  ]  │  [  ]
      │       │              │
20 → │ [  ]  │   1   │  [  ]  │   3
```

Beginne mit der ersten waagrechten Reihe!

Diese Zahlen fehlen:
4, 8, 12, 9, 7

Erste-Hilfe-Kiste:

Suche zuerst den richtigen Platz für die Zahl „*11*"!
Rechne dann aus, welche Zahl dir in dieser Spalte für die „*18*" noch fehlt!
Überlege nun, wohin die Zahl „*12*" passt! Rechne mit den vorhandenen Zahlen!

Name:	Datum:

Raketenstart

Durch welche Zahlen kann man die Zahlen in den Spitzen der Raketen ohne Rest teilen? Schreibe die Teiler in die Fenster!

Raketen: 120, 160, 200, 420, 150

Raketen: 180, 300, 240

Jede Zahl ist zumindest durch sich selbst und durch 1 teilbar!

Schnelldenker-Aufgabe:
Hier ist noch eine weitere Rakete. Allerdings fehlt die Zahl in der Raketenspitze. Trägst du sie ein?

Rakete: 1, 360, 60, 120, 9, 3, 4

Mathe 4

Name: _____ Datum: _____

Bonbons zu verkaufen

Herta Hase hat selbst Bonbons gemacht und verkauft sie jetzt auf dem Markt. Ein Himbeerbonbon kostet bei Herta *8* Cent, ein Karamellbonbon *5* Cent. Achte auf die Preisschilder und darauf, wie viele Bonbons die Tiere in ihren Tüten haben. Wie viele Himbeerbonbons und wie viele Karamellbonbons hat jeder gekauft? Male die Himbeerbonbons rot und die Karamellbonbons gelb an!

Schnelldenker-Aufgabe:

Wie viele Himbeerbonbons und wie viele Karamellbonbons hat Herta Hase insgesamt verkauft?

Himbeerbonbons: ☐ Stück   Karamellbonbons: ☐ Stück

Lösung: Herta hat von den Karamellbonbons 4 Stück mehr verkauft als von den Himbeerbonbons.

Erste-Hilfe-Kiste:

Charly Frosch mag keine Himbeerbonbons und Sam mag keine Karamellbonbons. Heidi Schwein und Charlotte Schaf kaufen je *4* Himbeerbonbons. Elli kauft *5* Karamellbonbons. Mimi Maus hat *1* Himbeerbonbon mehr als Elli gekauft.

Name: _____ Datum: _____

Die Zahlen-Sortier-Maschine

Die Froschbacher Zahlen-Sortier-Maschine ist kaputt und darum müssen die Tiere die Zahlen wieder selbst sortieren. Das ist eine Menge Arbeit und es wäre nett, wenn du mithelfen würdest.

In welche Säcke müssen die Zahlen einsortiert werden? Schreibe die Erkennungsbuchstaben der Säcke in die Kästchen neben die Zahlen!

Sack A: Zahlen von 1–500

Sack B: Zahlen von 501–1000

Sack C: Zahlen von 1001–10000

Sack D: Zahlen größer als 10000

61 ☐	766 ☐	34508 ☐	4785 ☐	651 ☐	17 ☐	883 ☐
4451 ☐	105689 ☐	991 ☐	502 ☐	9311 ☐	1955 ☐	342 ☐	23755 ☐
21345 ☐	292 ☐	3424 ☐	89 ☐	13686 ☐	290280 ☐	52 ☐	2887 ☐
703 ☐	8453 ☐	11035 ☐	56528 ☐	477 ☐	640 ☐	3440 ☐

Schnelldenker-Aufgabe:

Wie heißt die jeweils größte Zahl, die in diese vier Säcke einsortiert werden kann?

Sack A: _____ Sack B: _____ Sack C: _____ Sack D: _____

Name: _____ Datum: _____

Ellis Zaubertafel

Die kluge Elli hat eine Rechen-Zaubertafel und wie die funktioniert, kannst du gleich selbst sehen:

Trage die eingekreisten Zahlen hier ein und rechne:

☐ + ☐ + ☐ + ☐ = ☐

Trage die Sternchenzahlen hier ein und rechne:

☐ + ☐ + ☐ + ☐ = ☐

Trage die Herzzahlen hier ein und rechne:

☐ + ☐ + ☐ + ☐ = ☐

Trage die Dreieckszahlen hier ein und rechne:

☐ + ☐ + ☐ + ☐ = ☐

Trage die Viereckzahlen hier ein und rechne:

☐ + ☐ + ☐ + ☐ = ☐

Trage die gepunkteten Zahlen hier ein und rechne:

☐ + ☐ + ☐ + ☐ = ☐

Schnelldenker-Aufgabe:

Findest du nach diesem Muster weitere vier Zahlen mit demselben Ergebnis? Dann trage die Rechnung hier ein: ☐ + ☐ + ☐ + ☐ = ☐

Der Rechenmarkt

Einmal im Monat findet in Froschbach der Rechenmarkt statt. Jedes Tier bringt einen Gegenstand mit und tauscht ihn gegen einen anderen Gegenstand, dessen Rechnung das gleiche Ergebnis hat. Heute sind Elli Ente, Sam Fuchs, Herta Hase, Heidi Schwein, Bruno Bär und Sams englischer Freund Charly Frosch auf dem Markt.
Rechne zuerst alle Aufgaben und trage die Ergebnisse ein!
Verbinde dann immer die beiden Gegenstände, die getauscht werden!

151 · 7 =

288 : 12 =

648 : 9 =

3 · 3 · 2 · 4 =

719 + 338 =

1111 – 1087 =

Erste-Hilfe-Kiste:
Kontrolliere die Lösungszahlen!
Diese Ergebniszahlen kommen jeweils zweimal vor: 1057, 24, 72

| Name: | Datum: |

Die Ausmalautos

In Sams Regal stehen eigentlich nur farbige Spielzeugautos. Sam hat aufgeschrieben, welches Auto welche Farbe hat. Male die Autos entsprechend aus.

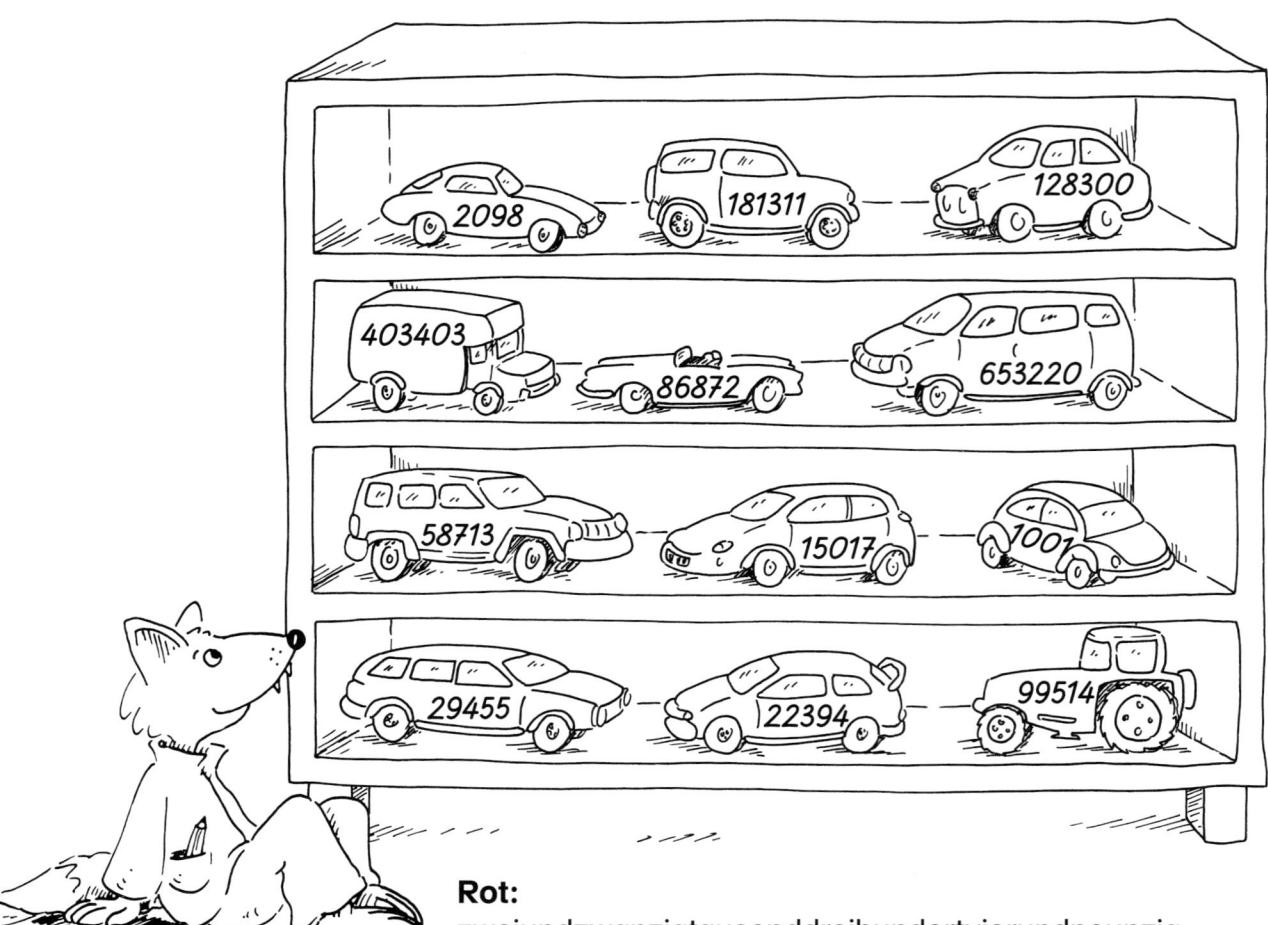

Rot:
zweiundzwanzigtausenddreihundertvierundneunzig
achtundfünfzigtausendsiebenhundertdreizehn
sechsundachtzigtausendachthundertzweiundsiebzig

Blau:
einhundertachtundzwanzigtausenddreihundert
neunundneunzigtausendfünfhundertvierzehn
sechshundertdreiundfünfzigtausendzweihundertzwanzig

Grün:
eintausendeins
zweitausendachtundneunzig
vierhundertdreitausendvierhundertdrei

Gelb:
einhunderteinundachtzigtausenddreihundertundelf
fünfzehntausendsiebzehn
neunundzwanzigtausendvierhundertfünfundfünfzig

Name: _____ Datum: _____

Tischtennispartner

Frau Jablowski, die Sportlehrerin, hatte eine lustige Idee, wie sie die Partnergruppen der Tischtennisspieler auslosen kann. Jeder Spieler zieht ein Zahlenkärtchen und sucht dann den Spieler, dessen Kärtchenzahl mit der eigenen Zahl zusammengezählt genau *1000* ergibt. Das ist ein bisschen knifflig, aber den Sportlern macht es Spaß. Dir bestimmt auch! Male die Partner in der gleichen Farbe an!

590   1000   410

401   658   165   956

772   599   188   675   44

325   812   342   493   835   228

Ein Hase hat seine Zahl verloren. Schreibst du sie wieder auf sein Kärtchen?

Schnelldenker-Aufgabe:

Suche immer zwei Zahlen, die zusammengezählt *1000* ergeben und streiche sie durch. Welche Zahl bleibt übrig?

710   246
499   113
      771   385
501   615   754
229   290
182   818

Lösung: Lies von rechts nach links: nhezierdtrednuhnie

Mathe 10

27

Froschbacher Mathematikstunde

Jedes Tier steht für eine Ziffer (0, 1, 2, …, 9). Gleiche Tiere bedeuten immer auch gleiche Ziffern. Kannst du diese Rechenaufgaben übersetzen? Schreibe die Ziffern über die Tiere! Bevor du beginnst, lies dir Sams Tipp durch!

Schreibe hier unter jedes Tier, für welche Ziffer es steht:

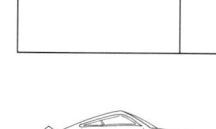

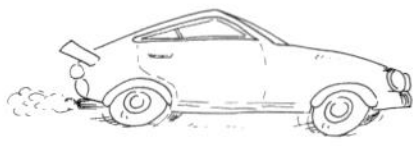

Schnelldenker-Aufgabe:

Tipp: Meine Freundin Elli steht hier stellvertretend für die Ziffer 2!

Erste-Hilfe-Kiste:

Der 🦌 steht stellvertretend für die Zahl 5.

Name: _____   Datum: _____

Die Knobelballons

Auf den Ballons der Tiere kannst du Ziffern lesen.

Sam — 4, 5, 3, 6 — **6534**

Elli — 2, 9, 1, 3 — ____

Charly — 4, 7, 2, 8 — ____

Heidi — 4, 6, 5, 1 — ____

1. Bilde mit ihnen jeweils die größtmögliche, gerade Zahl. Kreise das Tier gelb ein, welches die größte Zahl hat.

2. Bilde nun die kleinstmöglichen, geraden Zahlen. Kreise das Tier rot ein, welches die kleinste Zahl hat?

Sam	Elli	Charly	Heidi
		2478	

3. Bilde jetzt mit den Ballonzahlen die kleinstmöglichen, ungeraden Zahlen:

Sam	Elli	Charly	Heidi
		2487	

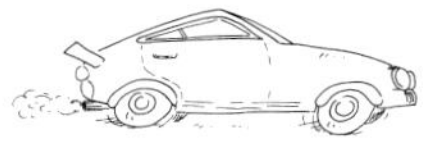

Schnelldenker-Aufgabe:

Zu Aufgabe 1: Welche dieser Zahlen ist ohne Rest durch 9 teilbar? Kreise sie grün ein!
Zu Aufgabe 2: Welche dieser Zahlen sind ohne Rest durch 8 teilbar? Kreise sie blau ein!
Zu Aufgabe 3: Ziehe von Sams Zahl die Zahl von Heidi Schwein ab!

☐☐☐☐ − ☐☐☐☐ = ☐☐☐☐

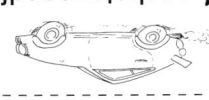

Lösungen für Schnelldenker:
1. sechstausendfünfhundertvierunddreißig
2. alle außer Charly Froschs Zahl
3. zweitausend

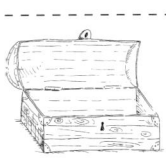

- -

Erste-Hilfe-Kiste:
Das sind die drei Lösungszahlen von Elli. Schau sie genau an und trage sie ein:
1239, 9312, 1392.

Mathe 12

Name: _____ Datum: _____

Tierische Rechenprobleme

Hilfst du den Tieren beim Lösen der Rechenprobleme? Jeweils zwei Zahlen bilden die Aufgaben der darunterstehenden Ergebnisse. Kreise auf jedem Schild die beiden Lösungszahlen ein!

18   29
27   16

Die Summe ist 34.
Die Differenz ist 2.

13   18
39   12

Das Produkt ist 507.
Der Quotient ist 3.

28   7
6   24

Das Produkt ist 144.
Der Quotient ist 4.

70
56
35   7

Der Quotient ist 8.
Die Differenz ist 49.

144   58
12   29

Der Quotient ist 12.
Die Summe ist 156.

23   138
360
6

Der Quotient ist 6.
Die Summe ist 161.

12   18
16   14

Das Produkt ist 192.
Die Differenz ist 4.

14   30
13   15

Das Produkt ist 420.
Die Summe ist kleiner als 45.

Schnelldenker-Aufgabe:

62   26
74   18

Die Summe ist größer als 90.
Die Differenz ist kleiner als 50.
Das Produkt ist 1924.

- -

Erste-Hilfe-Kiste:
Summe: Das Ergebnis einer „Plus"-Aufgabe (Addition).
Differenz: Das Ergebnis einer „Minus"-Aufgabe (Subtraktion).
Produkt: Das Ergebnis einer „Mal"-Aufgabe (Multiplikation).
Quotient: Das Ergebnis einer „Geteilt"-Aufgabe (Division).

Name: _____ Datum: _____

Gespiegelt

Die folgenden Zeichen und Bilder siehst du im ersten Bild jeweils in der Ausgangslage. Die drei Darstellungen daneben sind irgendwie verdreht. Nur eine davon zeigt das Spiegelbild der ersten Darstellung. Kreuze es an!

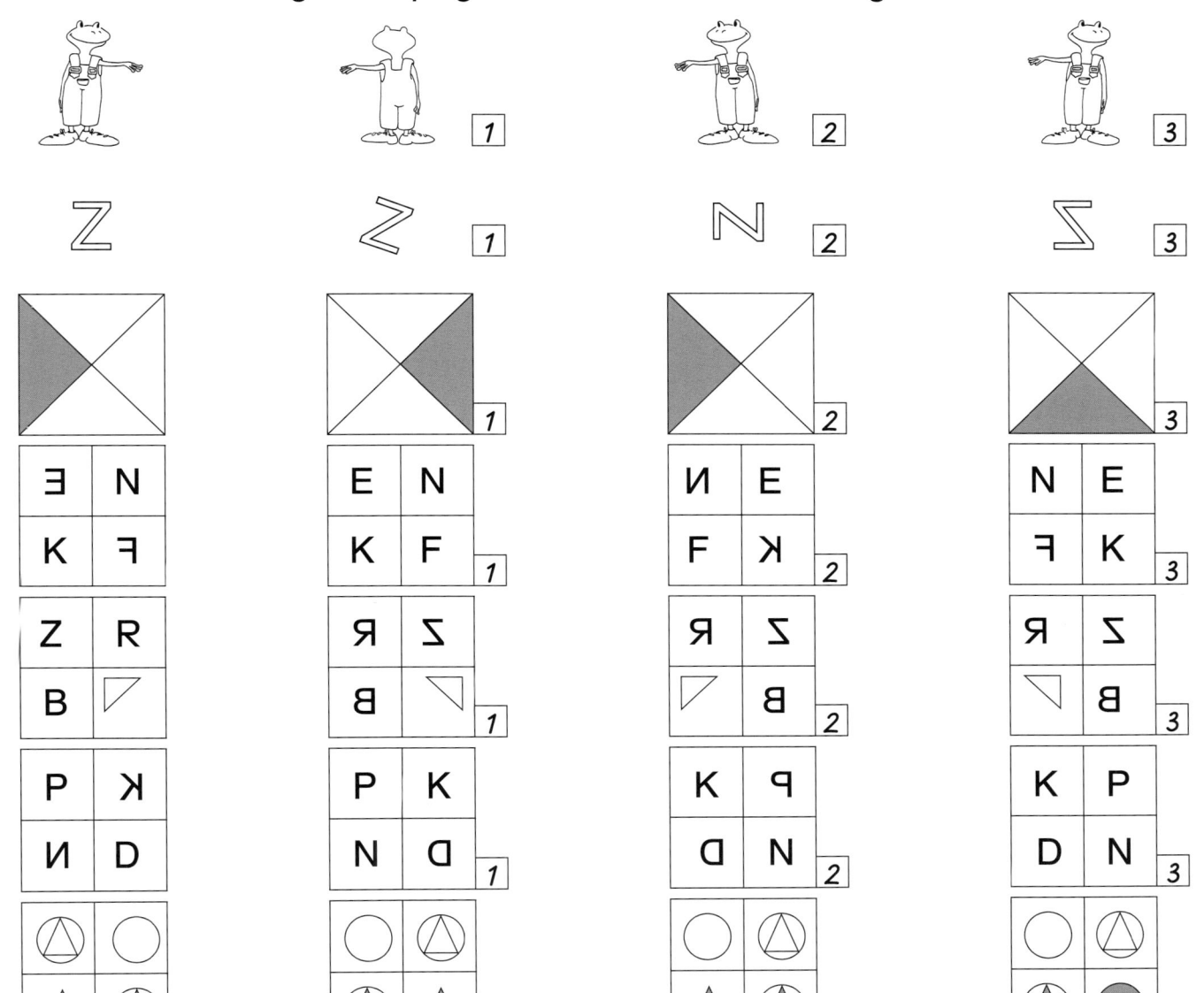

Kontrolliere: Die Erkennungszahlen der richtigen Bilder ergeben zusammengezählt die Summe *14*.

Schnelldenker-Aufgabe:

Welche Zahl zwischen *1* und *10* verändert sich nicht, wenn man sie spiegelt?

Mathe 14

Name:	Datum:

Wertvolle Namen

Stell dir vor, die Buchstaben hätten verschiedene Zahlenwerte. Das A hätte den Wert *1*, das B den Wert *2*, das C wäre *3* Punkte wert und so weiter bis zum Z, das den Wert *26* hätte.
Der Name „Elli" wäre dann *5 + 12 + 12 + 9 = 38* Punkte wert.

```
A  B  C  D  E  F  G  H  I  J  K  L  M  N  O  P  Q  R  S  T  U  V  W  X  Y  Z
1  2  3  4  5  6  7  8  9 10 11 12 13 14 15 16 17 18 19 20 21 22 23 24 25 26
```

38 Punkte

Kannst du ausrechnen, wie viele Punkte Sam für seinen Namen bekäme?

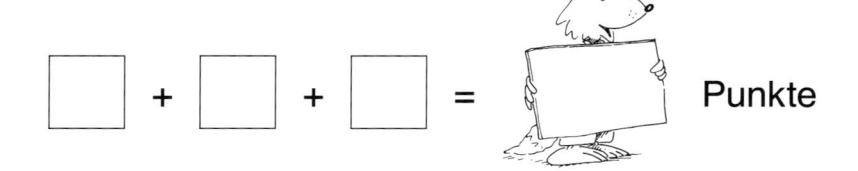

☐ + ☐ + ☐ = ____ Punkte

Schreibe deinen Vornamen hier auf und berechne seinen Wert!

_____

_____

Schreibe jetzt deinen Nachnamen auf und rechne dessen Wert aus!
Achtung: Die Umlaute ä, ö, ü werden wie die Selbstlaute a, o, u berechnet.

_____

_____

Berechne auch die Namen dieser Tiere:

Heidi ____ Punkte   Herta ____ Punkte   Fredi ____ Punkte

Schnelldenker-Aufgabe:

Findest du heraus, welches Kind in deiner Klasse den Vornamen mit den meisten Punkten hat? Schreibe den Namen und die Rechnung hier auf:

_____

_____

Name: _____ Datum: _____

Die Bundesländer in Deutschland

Deutschland ist aufgeteilt in *16* Bundesländer. Weißt du, wie sie heißen?
Bringe die Buchstaben in die richtige Reihenfolge und schreibe die Namen
dann auf die Zeilen!

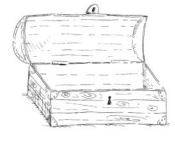

- SSEGWCHIL-EILHOSTN
- EEUMGRBNLCK-EOONRRMMPV
- MNEERB
- AGHBMRU
- NILBRE
- AEEEDINNSSRCH
- AEURG-BBRNND
- DEINRHORN-EEASTFWNL
- ACHNESS-LTNHAA
- NHSSEE
- EIÜNNGTHR
- EASSNCH
- ANN-RHEILD-ZAPFL
- AAADNSLR
- YRNABE
- NDEAB-EEÜWGRBMTTR

Erste-Hilfe-Kiste:

Hier kannst du die Namen aller deutschen Bundesländer nachlesen:

MECKLENBURG-VORPOMMERN, THÜRINGEN, SACHSEN, NIEDERSACHSEN, BADEN-WÜRTTEMBERG, BREMEN, HESSEN, BERLIN, SAARLAND, RHEINLAND-PFALZ, NORDRHEIN-WESTFALEN, SACHSEN-ANHALT, SCHLESWIG-HOLSTEIN, HAMBURG, BAYERN, BRANDENBURG.

Sachunterricht/Allgemeinwissen 1

Name:	Datum:	

Rund ums Fahrrad

Kreise alle Wortteile ein, die man mit „Fahrrad" zu einem neuen Wort zusammensetzen kann. Beispiel: Fahrradpumpe.

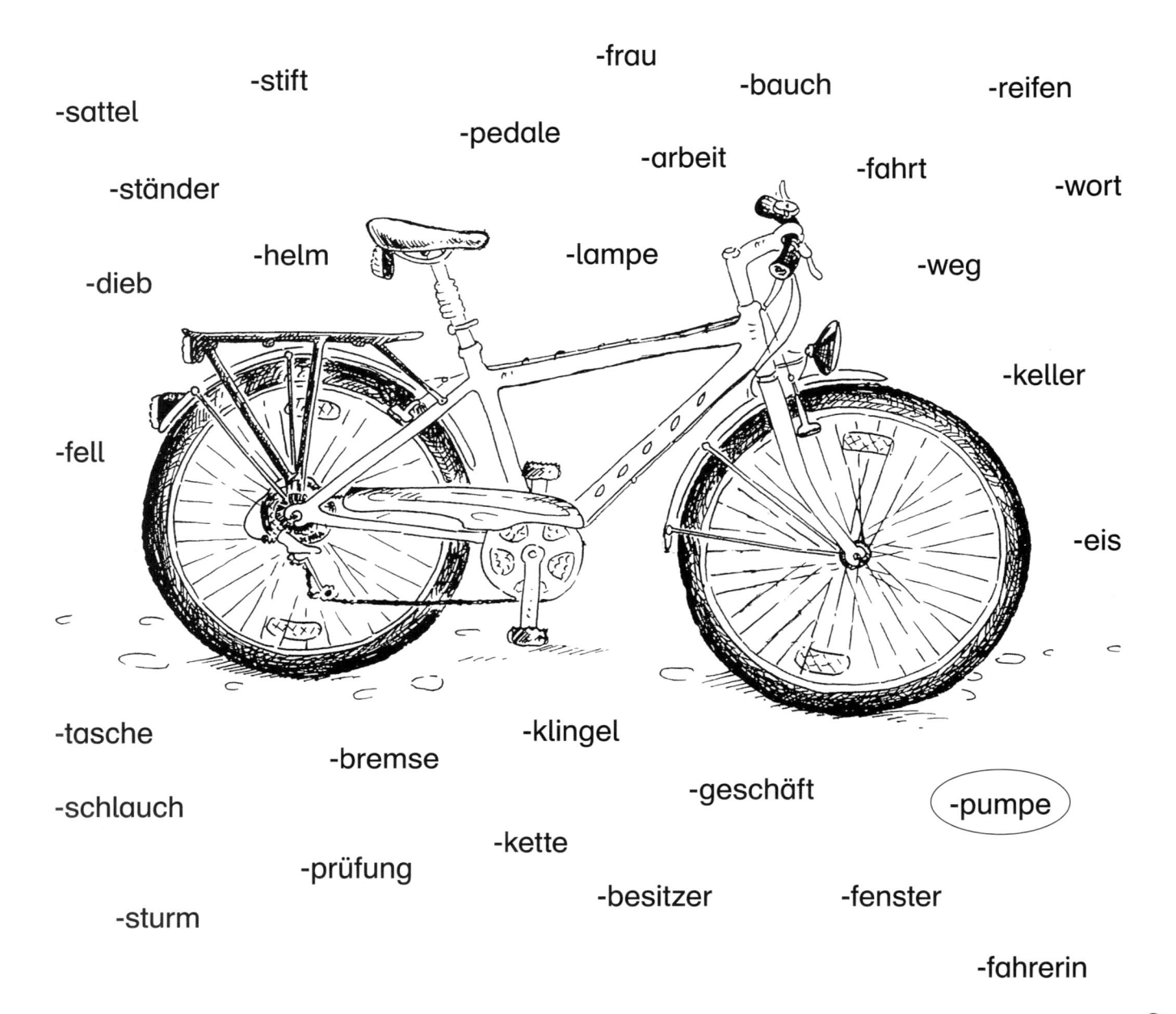

-sattel -stift -frau -bauch -reifen
-ständer -pedale -arbeit -fahrt -wort
-dieb -helm -lampe -weg
            -keller
-fell   -eis
-tasche -klingel
-bremse
-schlauch -geschäft (-pumpe)
-prüfung -kette
-sturm -besitzer -fenster
            -fahrerin

9 dieser neuen Begriffe kannst du mit den entsprechenden Fahrradteilen verbinden.

Schnelldenker-Aufgabe:
18 Wortteile kann man mit -rad verbinden. Welche? Kreise ein!
Drei-, Fahr-, Nacht-, Wasser-, Wind-, Streich-, Klapp-, Ameisen-, Renn-, Zahn-, Kinder-, Stink-, Hoch-, Niedrig-, Reserve-, Riesen-, Damen-, Knack-, Gelände-, Kame-, Lenk-, Benzin-, Motor-, Herbst-, Steuer-, Stütz-,

Sachunterricht/Allgemeinwissen 2

Name: _____   Datum: _____

Von Kontinent zu Kontinent

Zu welchen Erdteilen gehören die Personen, Tiere und Dinge, die hier abgebildet sind? Schreibe die Erkennungszahlen der Bilder in die Erdteile!

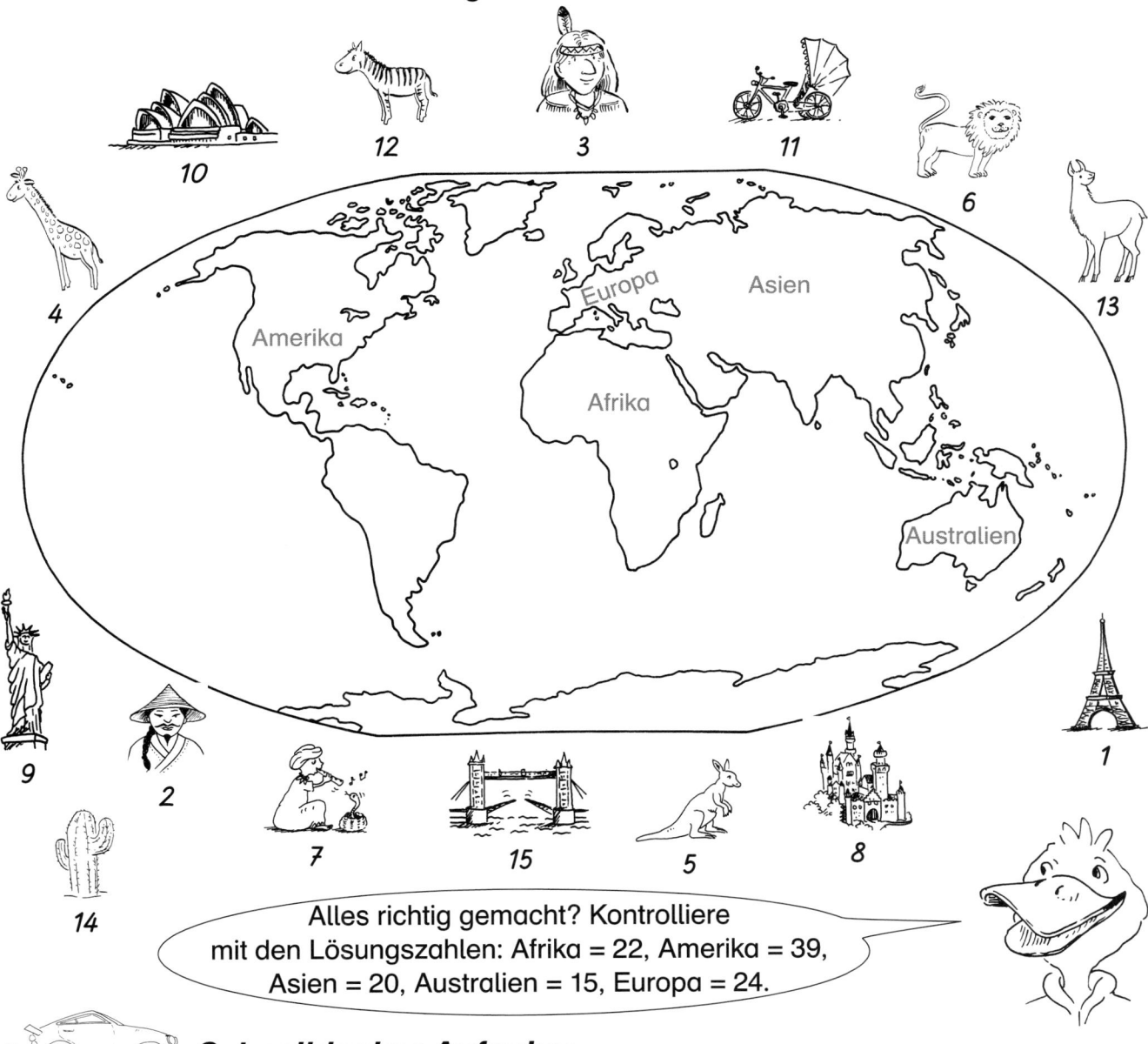

Alles richtig gemacht? Kontrolliere mit den Lösungszahlen: Afrika = 22, Amerika = 39, Asien = 20, Australien = 15, Europa = 24.

Schnelldenker-Aufgabe:

Suche zu jedem Kontinent noch ein typisches Tier! Wenn du an deinen letzten Besuch im Zoo denkst, fallen dir bestimmt welche ein!

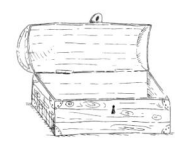

- -

Erste-Hilfe-Kiste:

→ Beginne mit den Menschen und Tieren!
→ Nummer *10* ist das Opernhaus in Sydney. Es gehört zu Australien.

Sachunterricht/Allgemeinwissen 3

Name: _____ Datum: _____

Das verkehrssichere Fahrrad

So sieht ein verkehrssicheres Fahrrad aus:

Jedem dieser Fahrräder fehlt etwas Wichtiges. Kreise ein und schreibe die Begriffe in die Zeilen!

_____   _____   _____

_____   _____

Erste-Hilfe-Kiste:
Diese wichtigen Teile fehlen den Fahrrädern:
Pedale, Scheinwerfer, Klingel, Schlussleuchte hinten, Seitenrückstrahler.
Findest du jetzt, wo sie fehlen?

Sachunterricht/Allgemeinwissen 4

Name: _____ Datum: _____

Tiere und ihre Behausungen

Jedes dieser Tiere wohnt in einer speziellen Behausung.
Schreibe den Erkennungsbuchstaben des jeweiligen Tieres in das leere
Kästchen hinter dem Namen seines Zuhauses!

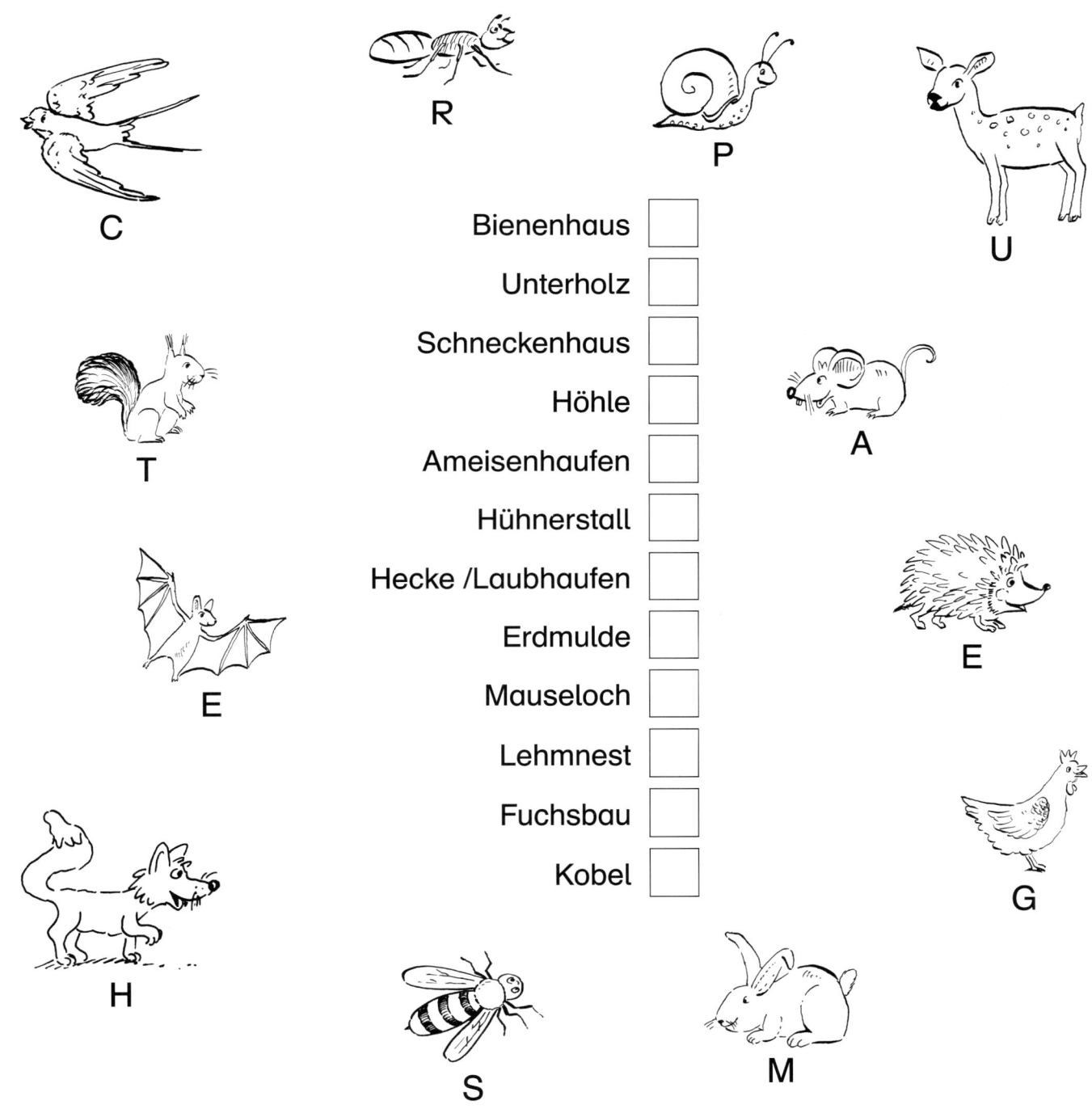

Bienenhaus ☐
Unterholz ☐
Schneckenhaus ☐
Höhle ☐
Ameisenhaufen ☐
Hühnerstall ☐
Hecke /Laubhaufen ☐
Erdmulde ☐
Mauseloch ☐
Lehmnest ☐
Fuchsbau ☐
Kobel ☐

Schnelldenker-Aufgabe:

Stell dir vor, du müsstest als eines der angegebenen Tiere das nächste Wochenende
verbringen. Welches Tier würdest du dann sein wollen? Was würdest du tun? Schließe deine
Augen und denke darüber nach!

Sachunterricht/Allgemeinwissen 5

Kleine Flaggen-Kunde

Male die Flaggen in den Farben an, die dir die Zahlen angeben!

1 = blau
2 = rot
3 = gelb (gold)
4 = grün
5 = schwarz
6 = orange
7 = hellblau

Die Deutschland-Flagge ist schwarz, rot, gold.

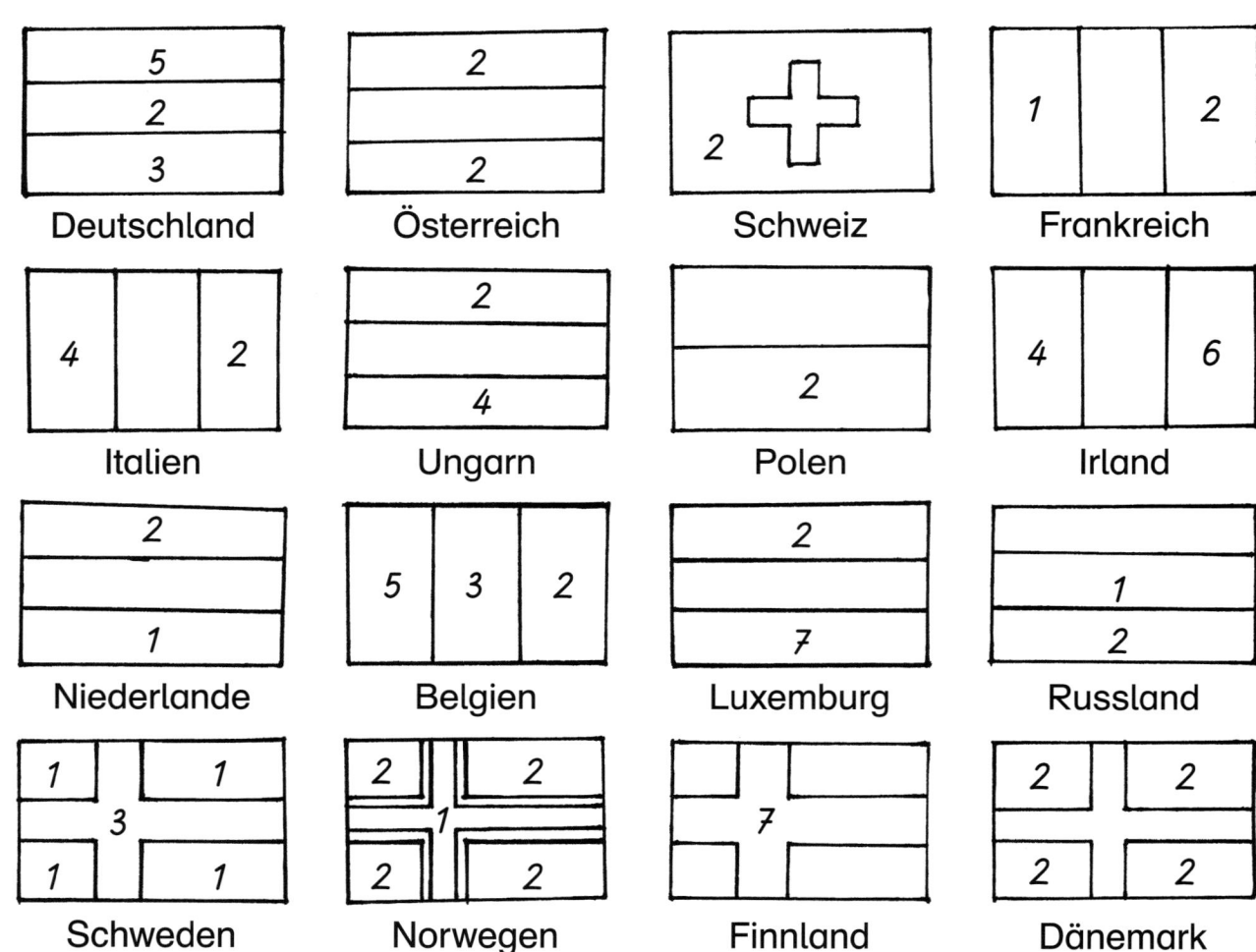

Deutschland	Österreich	Schweiz	Frankreich
Italien	Ungarn	Polen	Irland
Niederlande	Belgien	Luxemburg	Russland
Schweden	Norwegen	Finnland	Dänemark

USA — 1., 3., 5., ... Streifen: 2
Großbritannien
China — Sterne: 3
Australien — wie Großbritannien

Schnelldenker-Aufgabe:
Welche Flaggen kann man leicht miteinander verwechseln? Verbinde!

Sachunterricht/Allgemeinwissen 6

Name: _____ Datum: _____

Das Wörter-Spiel

Elli hat zum Geburtstag ein englisches Wörterspiel geschenkt bekommen. Jetzt ist sie total überrascht, wie viele englische Wörter sie schon versteht. Spielst du mit? Verbinde jedes Bild mit dem passenden englischen Wort!

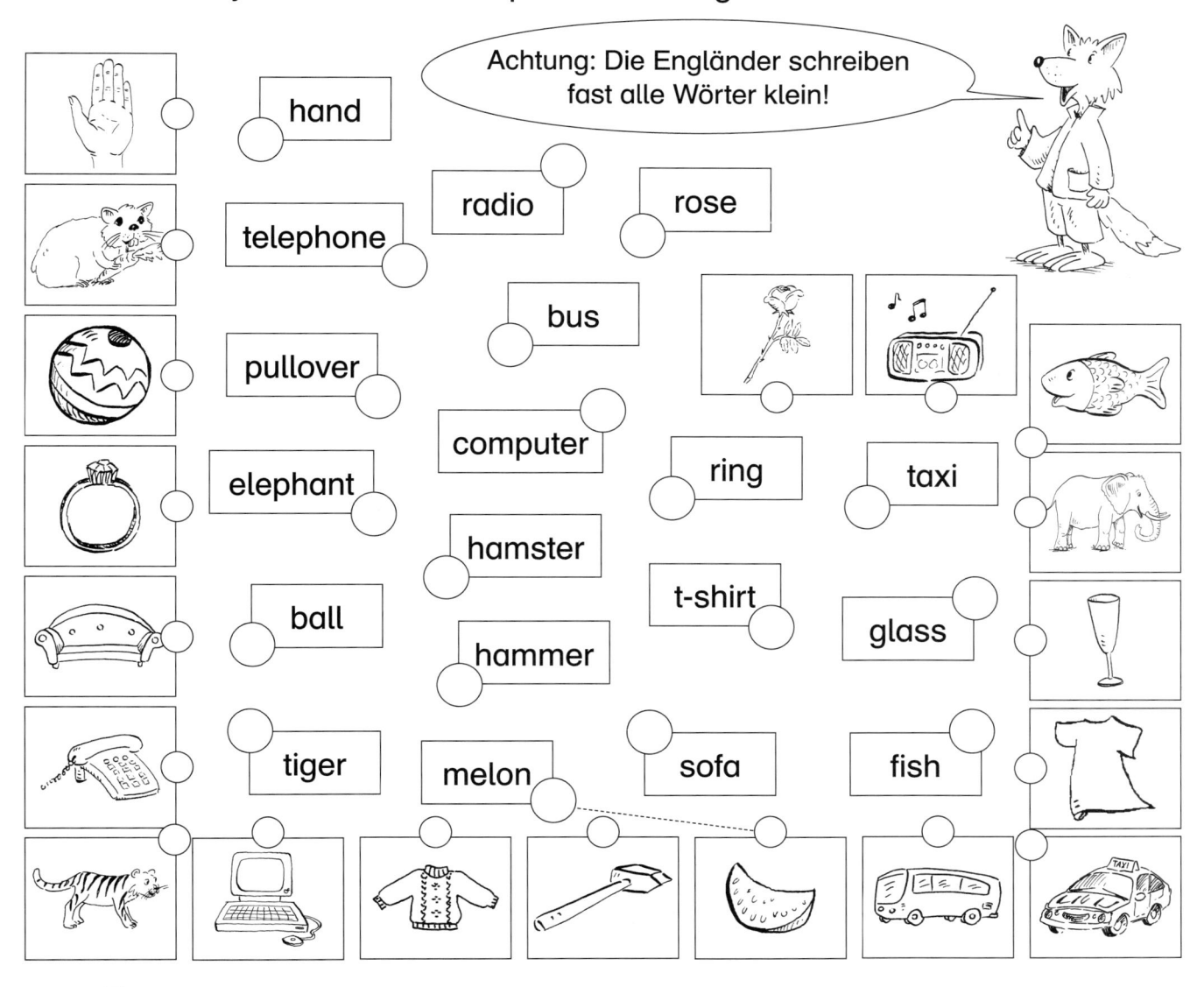

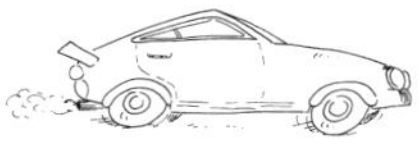

Achtung: Die Engländer schreiben fast alle Wörter klein!

hand
telephone
radio
rose
pullover
bus
elephant
computer
ring
taxi
ball
hamster
t-shirt
glass
tiger
hammer
melon
sofa
fish

Schnelldenker-Aufgabe:

Einige Wörter sehen ein bisschen anders aus als die deutschen und trotzdem kannst du sie bestimmt verstehen. Verbinde!

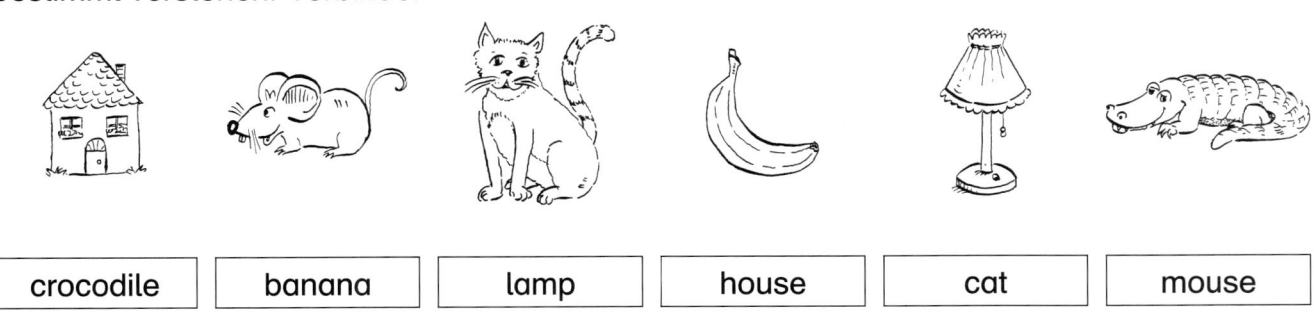

crocodile   banana   lamp   house   cat   mouse

Englisch 1

Name:	Datum:

Die Buntstifte

Sam Fuchs und sein englischer Freund Charly haben ihre Buntstifte kreuz und quer auf den Boden gelegt. In jedem Buntstift findest du ein Farbwort versteckt. Auf Sams Buntstiften steht das Wort auf Deutsch, auf Charlys Stiften findest du es natürlich auf Englisch geschrieben. Kreise in jedem Stift das Farbwort ein und male dann den ganzen Stift in der richtigen Farbe aus!

- adirmnk**yellow**whjlzwi
- mpöbraunkmbvftrrerk
- ztlkopesblackveasdaut
- saysergreybynhuykiy
- cfwhiterfgoiuedertfrbna
- acbutzfrügzrotundfreop
- weißugbtrzrewderzwand
- wasdesyctzngschwarzd
- thujresaydagmbluegtjh
- tagreenbhikusedfrecso
- kopuzadaewigrüngtäzö
- fdgrauwcropletunputzmn
- dasyhjuzbrownklouhz
- oknuiztrfdvgpotpinklkhlwi
- fdcvtrdewqasqyfdehrosanbzur
- rodbahoredsizhgtbvcnmj
- loistdochkeinreldblau
- gthzuoptdcewsgelbkmnjopfgi

Erste-Hilfe-Kiste:
Hier findest du alle englischen Farbwörter, die du für die Aufgabe brauchst:

pink, green, blue, black, grey, white, brown, red, yellow

Name: _____ Datum: _____

Die Zahlen

1 2 3 4 5 6 7 8 9 10

Male die Zahlen so aus:

- Number eight is green.
- Number four is blue.
- Number one is red.
- Number seven is yellow.
- Number two is black.

- Number six is brown.
- Number three is pink.
- Number five is orange.
- Number ten is white.
- Number nine is grey.

These are the numbers from one to ten.

Was sagt er?

Das sind die Zahlen von eins bis zehn.

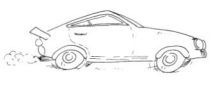

Schnelldenker-Aufgabe:

4 + 4 = eight
10 − 5 = _____
8 − 6 = _____

5 + 1 = _____
6 + 4 = _____
9 − 6 = _____

2 + 7 = _____
9 − 8 = _____
7 − 3 = _____

Erste-Hilfe-Kiste:
Hier kannst du noch mal nachschauen, wie die Zahlen auf Englisch heißen:

1	2	3	4	5	6	7	8	9	10
one	two	three	four	five	six	seven	eight	nine	ten

Englisch 3

| Name: | Datum: |

Welche Zahlen fehlen?

In den Reihen der Zahlenmauer befinden sich die Zahlen von *1* bis *10*.
Aber in jeder Reihe fehlt eine Zahl.
Suche diese und trage sie in die letzten Steine auf Englisch ein.

one	two	three	four	six	seven	eight	nine	ten	
five	six	seven	one	two	three	four	ten	eight	
five	ten	four	three	two	nine	one	seven	six	
six	four	ten	eight	two	nine	one	five	seven	
three	four	six	seven	one	two	five	nine	eight	
nine	one	seven	six	two	five	three	eight	ten	
two	three	four	ten	eight	five	nine	one	six	
seven	four	six	two	five	three	eight	ten	nine	
two	five	nine	three	eight	ten	seven	four	one	

Schnelldenker-Aufgabe:

Schreibe in die Kästchen zwischen den Zahlwörtern entweder ein > für „größer als" oder ein < für „kleiner als".

eight ☐ five   seven ☐ nine   four ☐ two

ten ☐ one   three ☐ eight   two ☐ nine

six ☐ eight   four ☐ six   ten ☐ seven

Name: _____ Datum: _____

Die Tierbilder

Lies genau und male passende Bilder in die Rahmen! Achte auf die Anzahl und die Farben!

Three blue pigs.

Two grey frogs.

Five yellow fish.

One green cat.

One red elephant.

Two orange cows.

Seven black worms.

Three blue dogs.

Six pink crocodiles.

Erste-Hilfe-Kiste:

Hier kannst du nachschauen, welche Tiere gemeint sind:

pig   dog   crocodile   cow   frog   cat   elephant   fish   worm

Englisch 5

Name: _____ Datum: _____

Vokabel-Quiz

Neben jedem Bild kannst du drei Wörter lesen. Aber natürlich passt nur eines. Kreuze es an!

I am a
- [ ] frog.
- [ ] dog.
- [x] duck.

I am a
- [ ] dog.
- [ ] tiger.
- [x] fox.

- [ ] car
- [ ] chair
- [ ] cat

- [ ] jeans
- [ ] t-shirt
- [ ] pullover

- [ ] house
- [ ] radio
- [ ] mouse

- [ ] cow
- [ ] frog
- [ ] teddy

- [ ] hand
- [ ] hamster
- [ ] cat

- [ ] penguin
- [ ] table
- [ ] tiger

- [ ] goose
- [ ] giraffe
- [ ] girl

- [ ] penguin
- [ ] pig
- [ ] pony

- [ ] pullover
- [ ] anorak
- [ ] jacket

- [ ] cat
- [ ] cow
- [ ] horse

- [ ] sofa
- [ ] ski
- [ ] shirt

- [ ] car
- [ ] radio
- [ ] bike

- [ ] book
- [ ] boat
- [ ] ball

- [ ] piano
- [ ] chair
- [ ] radio

- [ ] fish
- [ ] bus
- [ ] car

Erste-Hilfe-Kiste:
Kontrolliere deine Lösungswörter:

boat giraffe
tiger pig piano
radio pullover cow
frog t-shirt
sofa hamster
car house bus

44 Englisch 6

Name: _____ Datum: _____

Ellis Wörterquatsch

Nur in zwölf Kästchen stimmen Wort und Bild überein.
Kreuze diese Kästchen an!

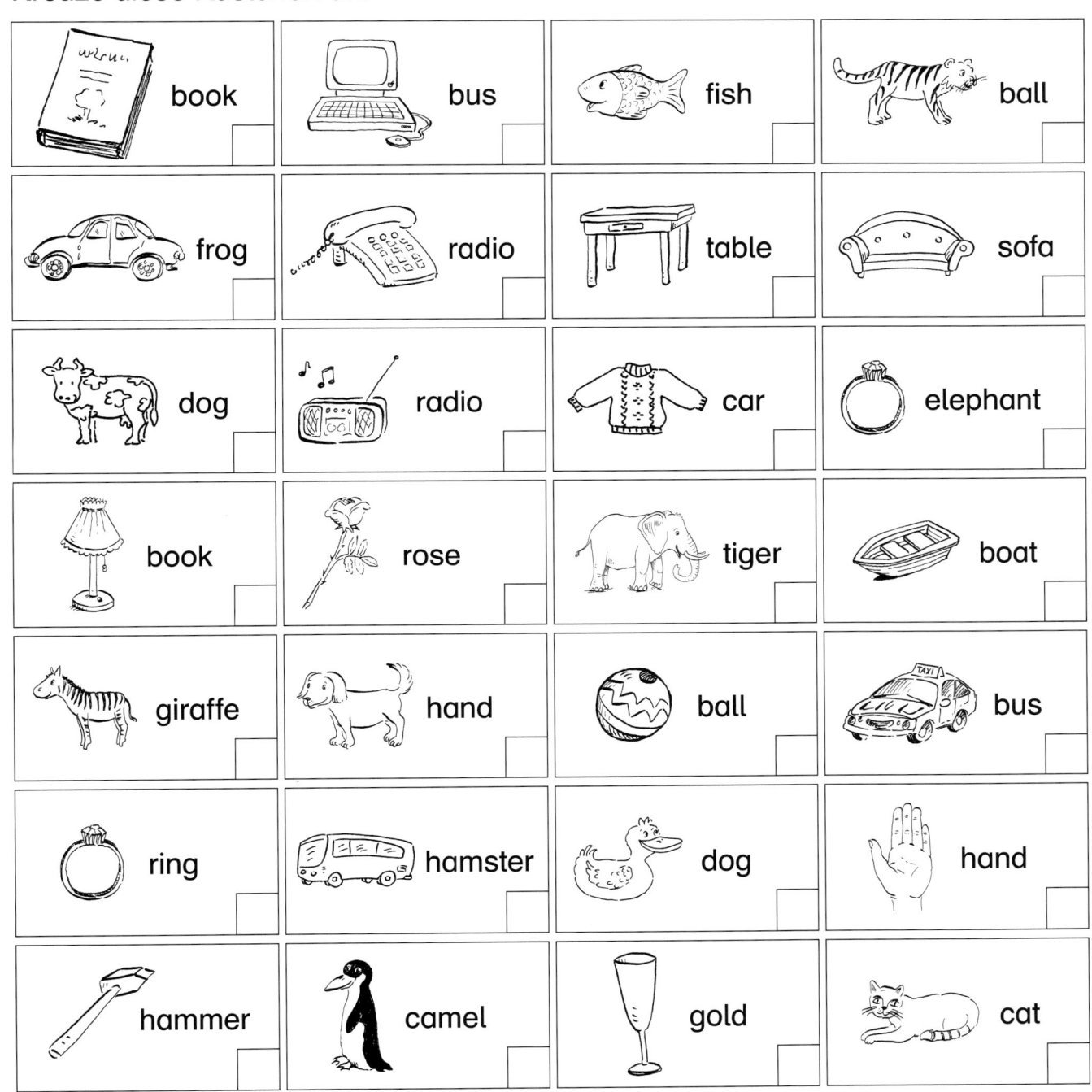

book	bus	fish	ball
frog	radio	table	sofa
dog	radio	car	elephant
book	rose	tiger	boat
giraffe	hand	ball	bus
ring	hamster	dog	hand
hammer	camel	gold	cat

Schnelldenker-Aufgabe:

Schau dir nur die Bilder an! Decke dann die Kästchen ab und kreise hier zehn Dinge ein, die du oben als Bilder gesehen hast.

Haus   Bus   Bleistift   Ring   Teller   Hut   Auto   Gabel   Sofa
   Sonne   Buch   Radio   Rose   Tasse   Hand   Birne   Herz
Apfel   Telefon   Stern   Schultasche   Hammer   Kuchen   Schere

Englisch 7

Name: _____ Datum: _____

Wie spät ist es? – What time is it?

What time is it?

It's ten o'clock.

Zeichne die Zeiger so in die Uhren ein, dass die Zeitangaben stimmen.

It's five o'clock.   It's six o'clock.   It's eight o'clock.   It's two o'clock.   It's seven o'clock.

It's one o'clock.   It's four o'clock.   It's eleven o'clock.   It's twelve o'clock.

Schreibe die Zeitangaben unter die Uhren!

It's _____ o'clock.   It's _____.   _____.

Erste-Hilfe-Kiste:

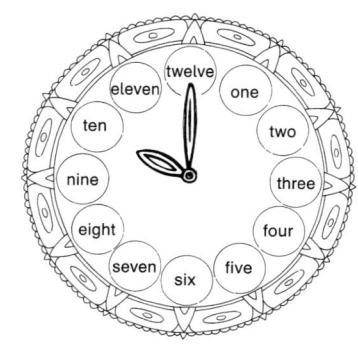

twelve, one, two, three, four, five, six, seven, eight, nine, ten, eleven

46 Englisch 8

Name: _____   Datum: _____

Die Wörter-Ballons

Elli, Sam und ihre Freunde haben Luftballons mit Wörtern beschrieben. Immer vier Wörter auf den Ballons gehören zur gleichen Gruppe, ein Wort passt nicht zu den anderen. Male diese „falschen" Ballons rot an!

Ballons 1: pullover, shirt, jeans, elephant, dress
Ballons 2: cow, dog, frog, computer, cat
Ballons 3: yellow, grey, red, blue, big
Ballons 4: father, mother, sister, brother, table
Ballons 5: green, three, five, ten, eight

Schnelldenker-Aufgabe:

Streiche immer den Namen, der nicht zu den anderen passt!
→ Mary, Jenny, Johnny, Harry, Kevin, Bobby, Lucy
→ Jil, Sue, Tom, Tim, Bob, Kim, Ron, Samantha, Pam
→ George, Helene, Jane, Pete, Steve, Eric, Kate.

Lösung: Das sind die drei Namen, die nicht zu den anderen passen:
FFKEFGVFGIFGNF   FSGAGMAFGNTFHAG   FFGEGFRFGIGCF
Streiche alle F und G!

- -

Erste-Hilfe-Kiste:

Hier findest du die fünf Lösungswörter. Streiche zuerst alle x, y und z durch. Lies dann die übrig gebliebenen Buchstaben zusammen!
xyezleyypzxhyaynztx, zzcyomyzpxuxtyezxry, zxybzziyxgzy, yxtzaxxbylyyezy,
yxgyyrzzezxeyxnzyx.

Name:	Datum:	

Charly's new home

Charly Frosch hat sich ein neues Haus gebaut und hat auch schon eine Menge Sachen in das neue Haus geräumt. Findest du alle *18* Dinge? Kreise sie ein!

```
                    house
                 househouse
               housesofahouse
             househousehousehouse
           housechairhousehousebedhouse
        housespoonhousehousepothousehouse
       househousehousestovehousehousehou
       ousehousearmchairhousehousetableh
       sehousehousehousehousehousebowlho
       househouseplatehousehouseknifehous
       sehousehousehousehousehouseshelfho
       househousepicturehousehousehouseh
       ousehousehousehousecuphousehouse
       houseballhousehousehousecarpethous
       ehousehousepillowhousehousehouseh
       ousehousehousehousehouseblanketho
```

Schnelldenker-Aufgabe:
Unterstreiche alle acht Möbelstücke rot!
Car, bed, spoon, chair, bike, table, knife, plate, armchair, cup, sofa, pencil, ball, blanket, shelf, cupboard, book, ruler, desk, pot, pan.

- -

Erste-Hilfe-Kiste:
Du findest die Lösungswörter in der Kiste. Jetzt findest du sie bestimmt auch in Charlys Haus.

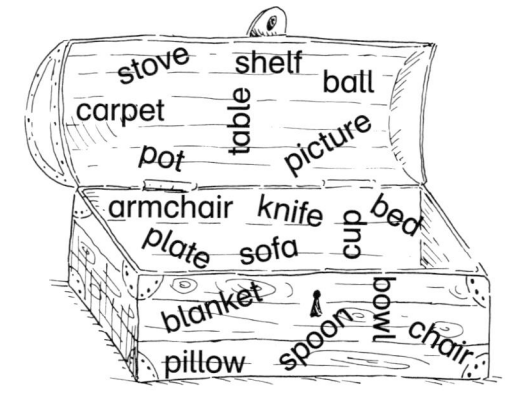

(Kiste mit Wörtern: stove, shelf, ball, carpet, table, picture, pot, armchair, knife, bed, plate, sofa, cup, blanket, spoon, bowl, chair, pillow)

Name: _____ **Datum:** _____

Yes or no?

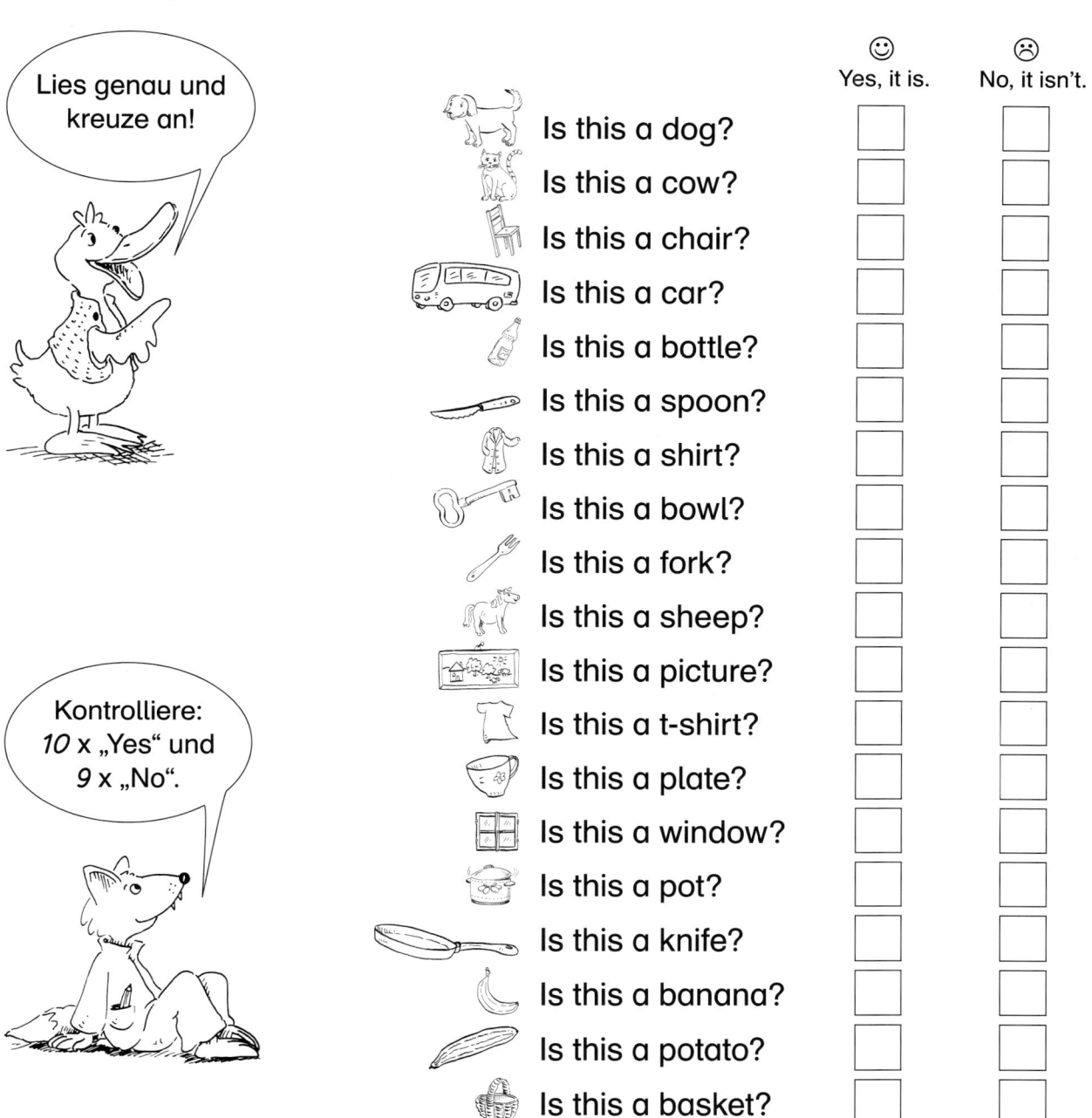

Lies genau und kreuze an!

	😊 Yes, it is.	☹ No, it isn't.
Is this a dog?	☐	☐
Is this a cow?	☐	☐
Is this a chair?	☐	☐
Is this a car?	☐	☐
Is this a bottle?	☐	☐
Is this a spoon?	☐	☐
Is this a shirt?	☐	☐
Is this a bowl?	☐	☐
Is this a fork?	☐	☐
Is this a sheep?	☐	☐
Is this a picture?	☐	☐
Is this a t-shirt?	☐	☐
Is this a plate?	☐	☐
Is this a window?	☐	☐
Is this a pot?	☐	☐
Is this a knife?	☐	☐
Is this a banana?	☐	☐
Is this a potato?	☐	☐
Is this a basket?	☐	☐

Kontrolliere: 10 x „Yes" und 9 x „No".

Schnelldenker-Aufgabe:

	😊	☹
Is this a car between two trees?	☐	☐
Is this a pig in a car?	☐	☐
Is this a cat on the table?	☐	☐

Name:	Datum:	✂

Ein Ufo über Froschbach

Es ist schon fast dunkel in Froschbach. Da entdecken Sam und Elli ein riesiges Ufo am Himmel. Zeichnest du es über die Dächer von Froschbach?

Schnelldenker-Aufgabe:

Auf dem Planeten Mirmuk finden die Wochentage in alphabetischer Reihenfolge statt.
So beginnt hier die Woche mit dem Dienstag und endet mit dem Sonntag.
Überlege: Wenn auf Mirmuk vorgestern Donnerstag war, welcher Tag ist dann übermorgen?

Lösung: T M S S G A A.
5 3 1 4 7 2 6
Ordne die Buchstaben nach den Zahlen!

Name:	Datum:	

Zweckentfremdet

Sam sammelt das Altpapier in Froschbach ein. Jetzt steht er vor einem riesigen Berg alter Zeitungen und denkt darüber nach, wozu man eine Zeitung noch gebrauchen könnte.

Ein paar Ideen hat er schon: Eine Zeitung könnte vielleicht als Teppich benutzt werden. Sie könnte als warme Decke dienen, zusammengeknüllt zum Ball werden, …

Welche Möglichkeiten fallen dir noch ein? Zeichne oder schreibe sie in die Kästchen!

Kreativität/Handarbeit 2

Name:	Datum:	

Die Besiedelung von Gamma 27

Stell dir vor, du fliegst mit deiner Klasse zu dem neu entdeckten Planeten Gamma 27. Du bist der neue König bzw. die neue Königin dieses Planeten und alle anderen Kinder sollen dir helfen, die neue Welt bewohnbar zu machen.

Schau dir die Kinder in deiner Klasse genau an!
Wen suchst du als deinen Stellvertreter aus?

_____

- Wer von ihnen wird Polizist? _____
- Wer wird die Kinder unterrichten? _____
- Wer wird Arzt/Ärztin? _____
- Wer sollte das Brot backen? _____
- Wer soll die Tierwelt erforschen? _____

Aber es warten noch viele weitere Aufgaben auf dich:

Wie sollte das Gamma 27-Geld aussehen?

Welche Flagge sollte auf deinem Palast wehen?

Na, hoffentlich hast du bis zur Landung die wichtigsten Fragen geklärt! Die neuen Geldscheinmuster und eine Modellflagge malst du gleich hier auf das Blatt!

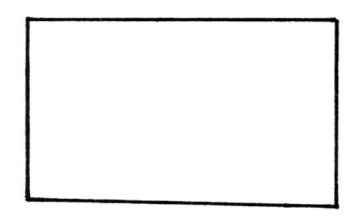

Schnelldenker-Aufgabe:

Fünf der aufgelisteten Dinge darfst du dir aussuchen und nach Gamma 27 mitnehmen. Überlege gut und unterstreiche sie! Schreibe auf die Rückseite, warum gerade diese Dinge.

Puzzle, Spielkarten, Würfel, Malkasten, Radio, Block, Fahrrad, Wecker, Rätselbuch, Lexikon, Fotoalbum, Buntstifte, Rollerskates, ferngesteuertes Spielzeugauto, Lenkdrachen, Fernglas, Fotoapparat, Schaufel, Kuscheltier, Jojo, Murmeln.

Name: _____ Datum: _____

Der Ritt zur Schule

Mit dem Fahrrad oder mit dem Bus in die Schule? Pah, das ist dir doch viel zu langweilig! Stell dir vor, du dürftest auf dem Rücken eines beliebigen Tieres in die Schule reiten. Welches Tier würdest du dir dafür aussuchen? Hier darfst du gleich ein Bild dazu malen.

Schnelldenker-Aufgabe:

Überlege dir: Was würden wohl deine Mitschüler und Lehrer zu deinem neuen Transportmittel sagen?
Wo könntest du dieses Tier unterbringen, bis die Schule wieder aus ist?
Stell dir vor, alle Schüler würden morgens auf ihren Tieren in die Schule reiten.
Welche Vor- und Nachteile hätte das?

Kreativität/Handarbeit 4

Name:	Datum:

Dagobert Dachs und der Geldregen

Dagobert Dachs war immer bekannt für seinen Geiz. Niemals hat er etwas ausgeliehen und schon gar nicht verschenkt. Umso mehr staunen die Tiere heute über die seltsame Verwandlung von Dagobert Dachs. Der steht mitten auf dem Marktplatz und schenkt jedem, der vorübergeht, *100* Euro.

Kannst du dir vorstellen, was Dagobert Dachs so verändert hat? Denke ein bisschen darüber nach und überlege dir drei verschiedene Gründe für Dagoberts Verhalten.

Grund *1*: _____

Grund *2*: _____

Grund *3*: _____

Schnelldenker-Aufgabe:
Stell dir vor, du hättest auch einen *100*-Euro-Schein erwischt. Was würdest du damit machen?

_____

Mimi Maus ist die Sache gar nicht geheuer und sie ruft die Polizei. Kannst du dir vorstellen, warum?

_____

Name: _____ Datum: _____

Das Doppelmuster

Stell dir vor, die beiden oberen Musterkreise wären auf ganz dünnes Seidenpapier gemalt. Wenn du die Kreise nun in Gedanken übereinander legst, welcher der drei Lösungskreise würde dann entstehen?

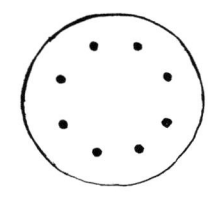

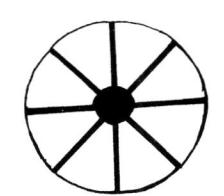

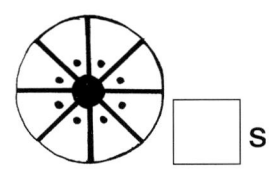

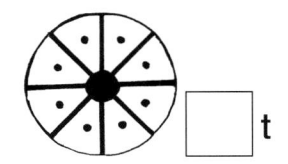

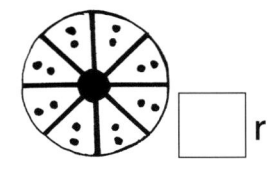

☐ s   ☐ t   ☐ r

Welcher Musterkreis entsteht jeweils aus den beiden Kreisen? Kreuze an!

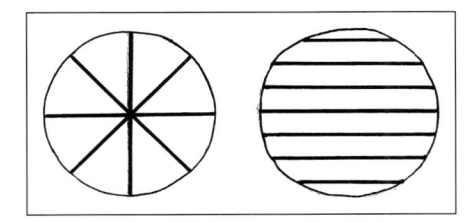

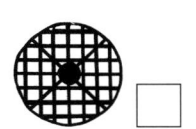

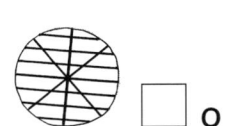

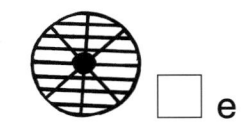

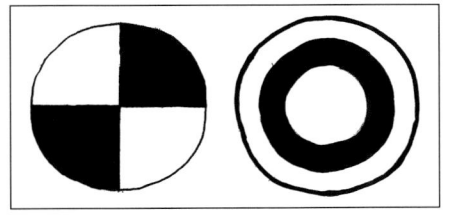

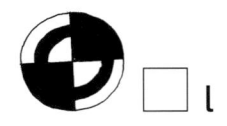

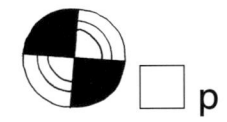

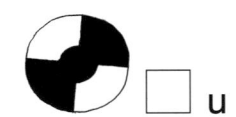

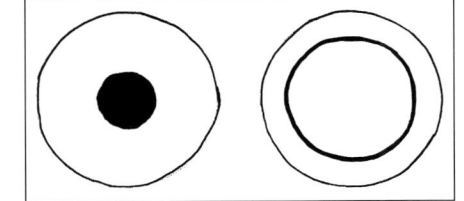

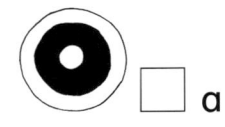

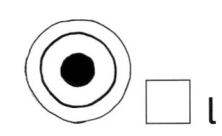

☐ i   ☐ o   ☐ e

☐ l   ☐ p   ☐ u

☐ h   ☐ a   ☐ l

Lies die Erkennungsbuchstaben der vier richtigen Musterkreise zusammen!

Schnelldenker-Aufgabe:

Jetzt geht es andersherum! Schau dir das fertige Muster gut an und entscheide dann, aus welchen beiden Muster-Quadraten es zusammengesetzt ist!

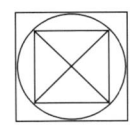

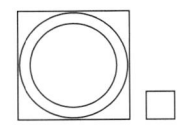

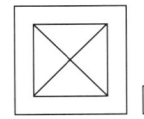

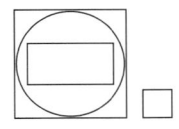

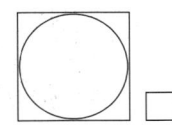

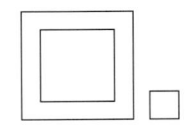

Konzentration/Gedächtnis 1

Name:	Datum:	

Das Pfoten-Sudoku

Diese Tiere haben ihre Fußabdrücke im Spielgitter hinterlassen:

Male in alle leeren Felder die passenden Pfotenabdrücke. Aber aufgepasst: Jeder Abdruck darf in jeder senkrechten Spalte und in jeder waagrechten Zeile nur einmal vorhanden sein!

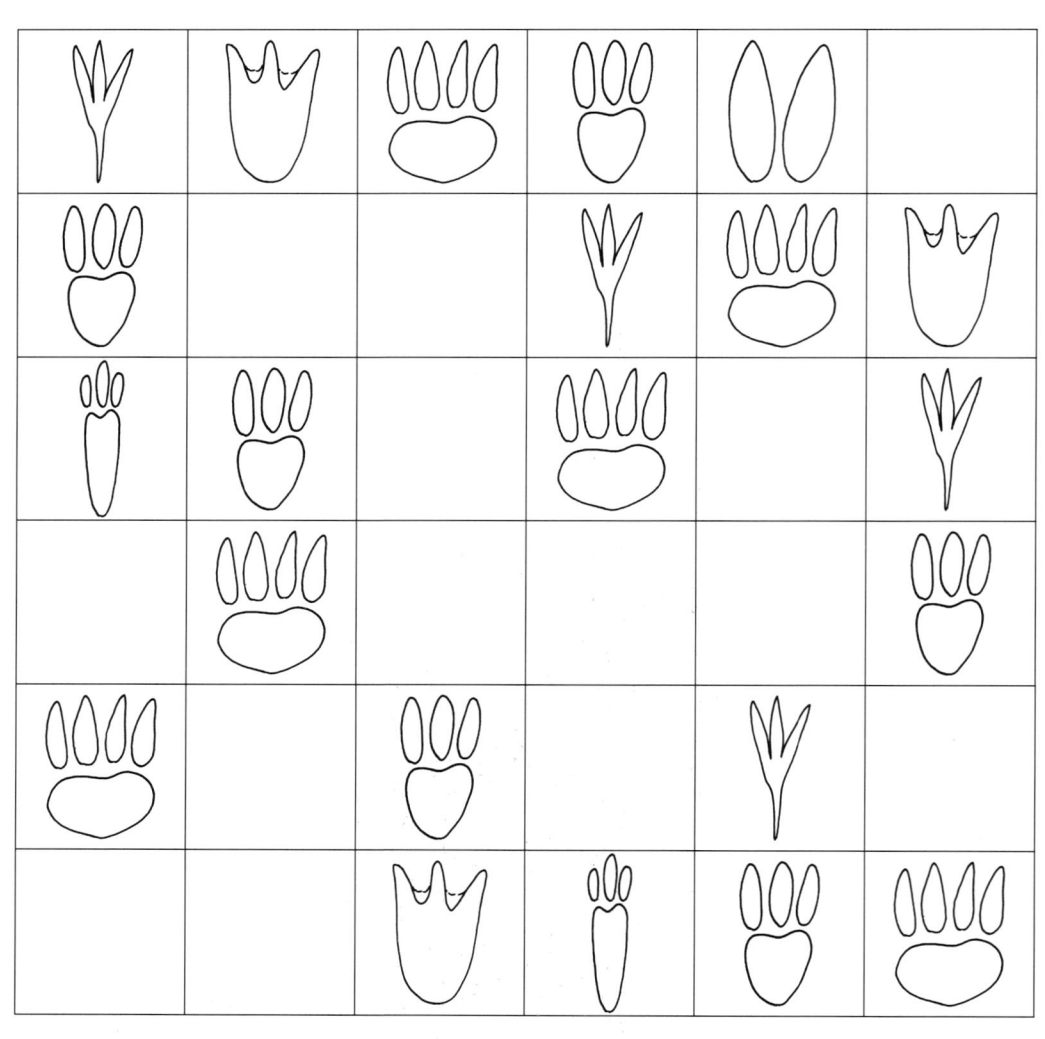

Erste-Hilfe-Kiste:
Beginne mit der obersten Zeile. Hier fehlt nur ein Fußabdruck, nämlich der letzte. Na, das bekommst du doch schnell heraus! Nimm dir dann die letzte Spalte vor. Hier fehlt nun auch nur noch ein Abdruck. In der untersten Zeile fehlen nun zwei Abdrücke. Einer ist aber schon in der ersten Spalte. Findest du ihn?

Name:	Datum:	

Berufe raten

Fredi, Sam und Elli unterhalten sich gerade darüber, was sie später einmal werden wollen.

Fredis Traumberuf errätst du, wenn du die Buchstaben zusammen liest, die im Kästchen neben ihm mit dem Pfeil gekennzeichnet sind. Was Elli und Sam werden wollen, zeigt dir der Pfeil in ihren Kästchen.

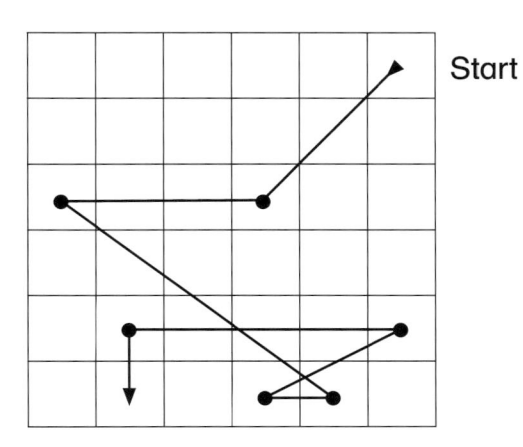

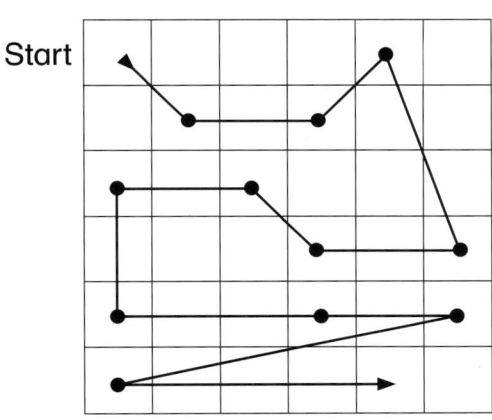

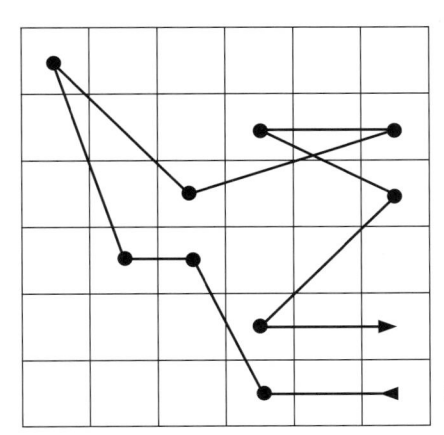

M	D	R	V	I	Z
I	U	C	S	E	I
H	X	E	A	G	T
D	S	U	L	M	K
R	Z	C	E	X	R
I	T	E	A	N	H

Erste-Hilfe-Kiste:

Fredis Traumberuf beginnt mit Z und endet mit T. Ellis Traumberuf beginnt mit M und endet mit N. Sams Berufswunsch beginnt mit H und endet mit R.

Konzentration/Gedächtnis 3

Name: _____ Datum: _____

Schau genau!

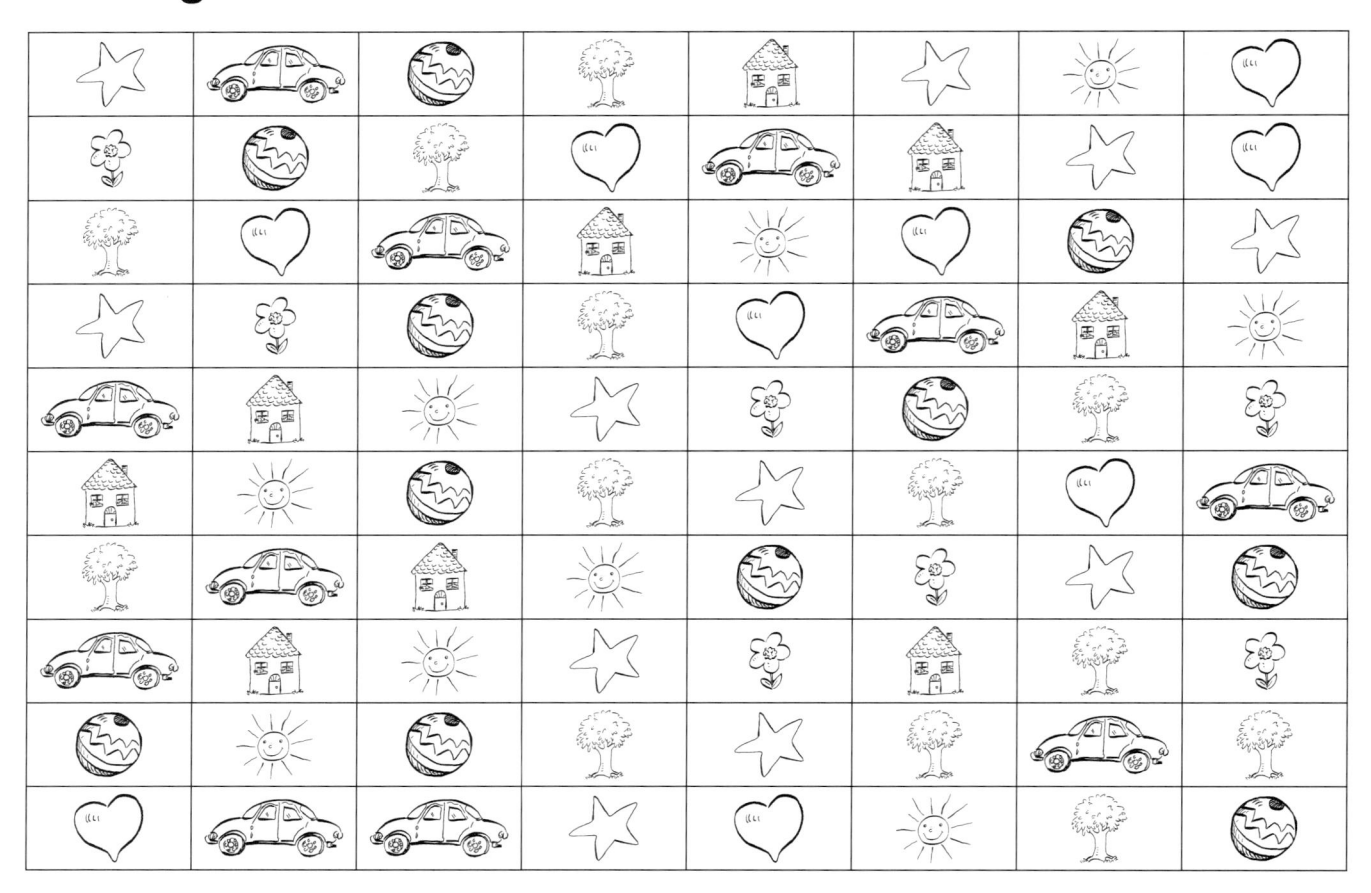

Wie viele verschiedene Bilder gibt es im Kasten? Kreise die richtige Anzahl ein:

    6   7   8   9

Wo findest du ein Auto, das links, rechts, oben und unten an einen Baum grenzt? Kreise im Gitter ein!

In welcher Spalte findest du die meisten Bäume? Kreise sie ein!

Nur in einer einzigen Zeile kommt jedes Bild genau einmal vor.
Welche Zeile ist das? Kreise sie ein!

Welcher Gegenstand befindet sich unter einem Stern, über einem Herz und rechts von einem Auto? Kreise hier ein:

Schnelldenker-Aufgabe:

Nur in einer Zeile stehen zwei gleiche Bilder nebeneinander. Was ist darauf zu sehen? Kreise hier ein:

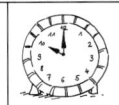

Abfahrt 10.00 Uhr!

Die Tiere von Froschbach machen einen Ausflug mit dem Zug und treffen zu unterschiedlichen Zeiten am Bahnhof ein. Lies die Angaben genau und schreibe neben jede Ankunftszeit den Namen des entsprechenden Tieres.

Name	Ankunftszeit am Bahnhof
	9. 45 Uhr
	9. 47 Uhr
	9. 51 Uhr
	9. 53 Uhr
	9. 55 Uhr
	9. 59 Uhr

Ich bin eine Minuten vor Abfahrt eingetroffen.

Als ich eintraf, waren Heidi Schwein und Elli noch nicht da.

Fredi Frosch kam vier Minuten nach mir am Bahnhof an.

Ich war als Erste am Bahnhof!

Bis auf Elli waren alle schon da, als ich ankam.

Ich war genau 9 Minuten vor Abfahrt des Zuges am Bahnhof.

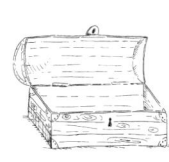

Erste-Hilfe-Kiste:
Löse die Aufgaben in dieser Reihenfolge:
Elli Ente, Fredi Frosch, Mimi Maus, Heidi Schwein, Herta Hase, Sam Fuchs.

Konzentration/Gedächtnis 5

Name:	Datum:	

Die Dreiecks-Kuh

Wie viele Dreiecke findest du in der Kuh?

Schnelldenker-Aufgabe:
Male in dieses Aquarium einen Fisch, der aus mindestens zehn Dreiecken besteht!

Erste-Hilfe-Kiste:
Nimm einen braunen Stift und male alle Dreiecke damit aus. Jetzt kannst du die Dreiecke leichter zählen.

Name: _____ Datum: _____

Die neue Nachbarin

Nach Froschbach ist ein neues Tier gezogen. Es wohnt im Aussichtsturm am See. Natürlich laufen alle Tiere zum Turm, weil sie neugierig sind und wissen wollen, um welches Tier es sich handelt.

Du bekommst es schnell heraus, wenn du im Turm alle sieben Buchstaben findest und ausmalst.

Bringe dann die Buchstaben in die richtige Reihenfolge und trage den Tiernamen hier ein:

☐☐☐☐☐☐☐

Schnelldenker-Aufgabe:

Wer ganz genau hinschaut, entdeckt drei Tiere, die bereits bei der neuen Nachbarin im Turm zu Besuch sind.

_____   _____   _____

- -

Erste-Hilfe-Kiste:
Die Buchstaben S = Selbstlaut und M = Mitlaut helfen dir, die Lösungsbuchstaben in die richtige Reihenfolge zu bringen:

☐ ☐ ☐ ☐ ☐ ☐ ☐
M S M S M M S

Konzentration/Gedächtnis 7

Name:	Datum:	

Im Kreis herum

Lies jeden Satz genau und kreuze dann an, ob der Satz stimmt oder nicht!

         ☺ ☹

Sam läuft hinter einer Maus, die hinter einer Katze herläuft.

Fredi Frosch läuft hinter einem Igel, der hinter einer Maus herläuft.

Heidi Schwein läuft hinter einer Katze her.

Elli läuft hinter einer Katze her, die hinter einem Igel läuft.

Sam läuft vor einer Maus, die vor einem Igel läuft.

Heidi läuft vor einem Igel, der vor einer Katze läuft.

Fredi läuft vor einer Maus, die vor einem Igel läuft.

Elli läuft hinter einer Maus, die hinter einem Igel läuft.

Der Igel, der hinter Heidi läuft, läuft vor einer Katze.

Die Maus, die vor Elli läuft, läuft hinter einer Katze.

Sam läuft vor einer Maus und hinter einer Maus.

Schnelldenker-Aufgabe:

Plötzlich machen alle Tiere kehrt und laufen in die andere Richtung.
Lies alle Sätze noch einmal! Nimm einen Buntstift und kreuze an, welche Aussagen jetzt noch stimmen würden und welche nicht.

Name: _____ Datum: _____

Ansichtssache

Am Anfang jeder Zeile siehst du ein Bild. Nun stelle dir vor, wie es aussehen würde, wenn du es von hinten betrachtest. Kreuze das passende Bild an!

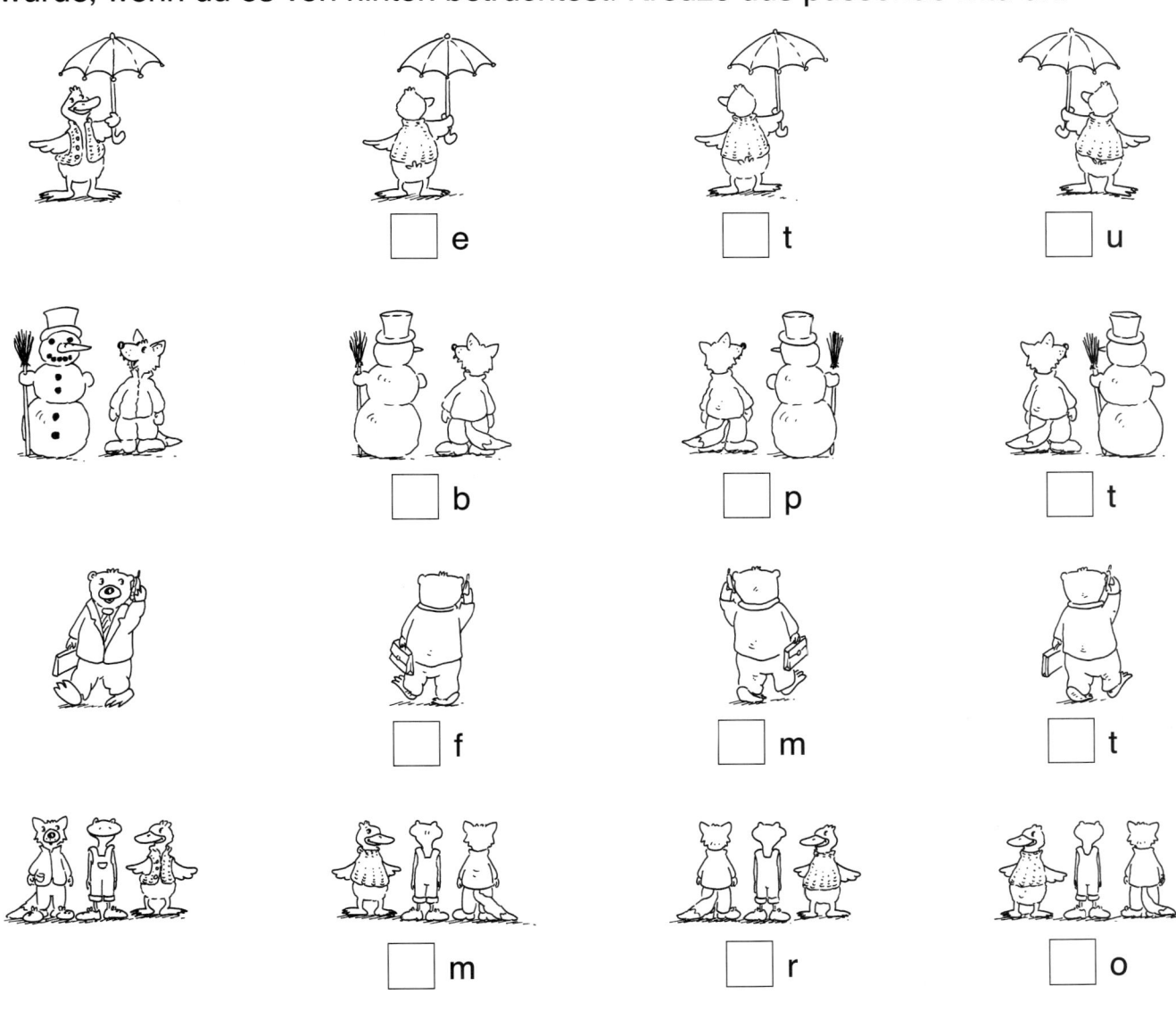

☐ e   ☐ t   ☐ u

☐ b   ☐ p   ☐ t

☐ f   ☐ m   ☐ t

☐ m   ☐ r   ☐ o

Schnelldenker-Aufgabe:

Trage die Erkennungsbuchstaben der richtigen Bilder hier ein: ☐ ☐ ☐ ☐

Suche jetzt zu jedem Buchstaben den Vorgänger im Alphabet und trage diese Buchstaben hier ein: ☐ ☐ ☐ ☐

Was kannst du lesen?

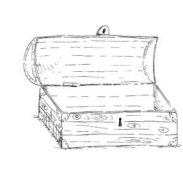

Erste-Hilfe-Kiste:

So wird es einfacher: Die Bilder mit den Erkennungsbuchstaben e, b, r, f sind falsch. Streiche sie durch! Jetzt sind nur noch vier richtige und vier falsche Bilder im Spiel und nun schaffst du es bestimmt.

Konzentration/Gedächtnis 9

Name: _____ Datum: _____

Punkt für Punkt

Schau dir die Anordnung der Punkte in den Würfeln genau an. In jeder Zeile unterscheidet sich ein Würfel von den anderen. Kreise seinen Erkennungsbuchstaben ein!

s	a	l	k	r	e
t	m	o	z	d	u
i	b	t	g	f	w
z	w	a	k	i	q
e	u	h	m	g	p
p	s	l	j	v	e

Trage die Erkennungsbuchstaben hier ein: ☐ ☐ ☐ ☐ ☐ ☐
Lies jetzt von rechts nach links!

Schnelldenker-Aufgabe:
Stell dir vor, du hast mit drei Spielwürfeln gewürfelt und so sind sie gefallen:
Wie groß ist die Summe der drei Zahlen auf den Würfelunterseiten?

Tipp: Die Zahl auf der Würfeloberseite und die Zahl auf der Würfelunterseite ergeben zusammengezählt immer 7.

Lösung: Die drei Würfelunterseiten ergeben zusammengezählt die Summe **mzttwmötmlttfm**. Streiche alle m und t!

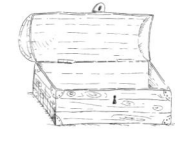

Erste-Hilfe-Kiste:
Konzentriere dich immer nur auf eine Reihe und decke die übrigen Reihen mit zwei Heften oder Blättern ab!

Name: _____ Datum: _____

Die Kreuzchen-Bilder

Male jedes Bild in den Kasten daneben! Arbeite ganz genau und zähle die Kreuzchen und Kästchen in jeder Zeile!

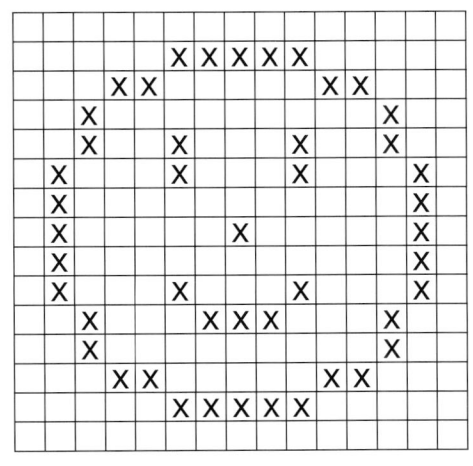

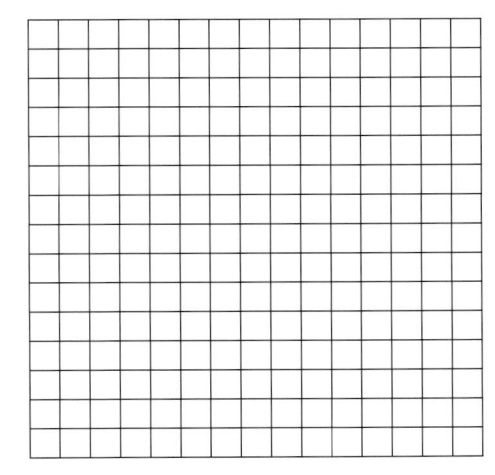

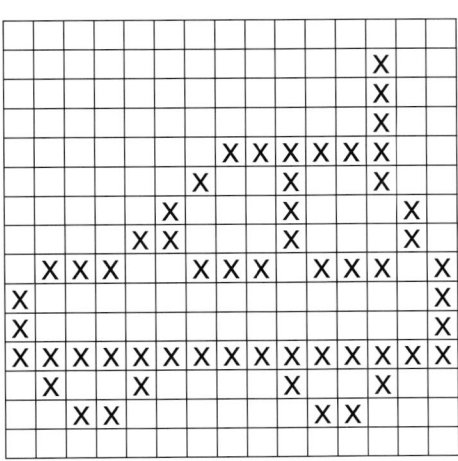

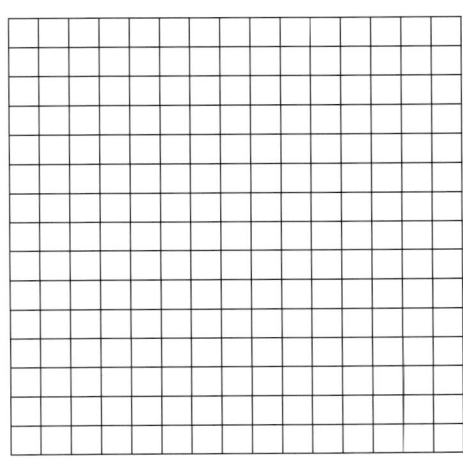

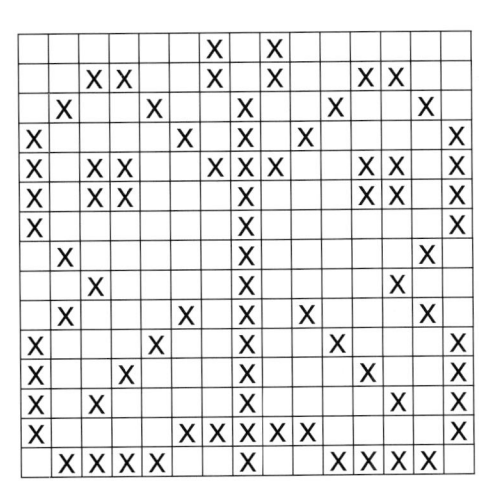

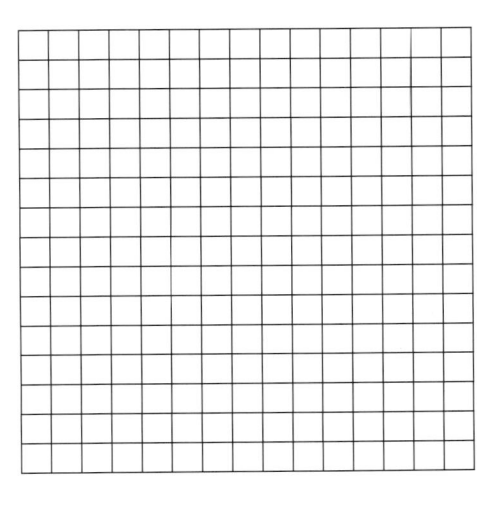

Schnelldenker-Aufgabe:

In diesem Kästchen darfst du selbst ein Kreuzchenbild entwerfen.
Tipp: Suche dir einen einfachen Gegenstand, eine Zahl oder einen Buchstaben aus!

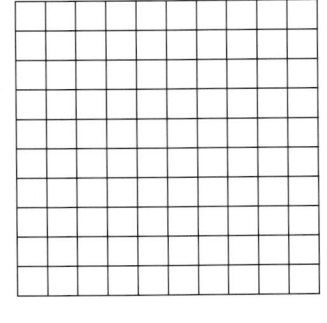

Konzentration/Gedächtnis 11

Name:	Datum:

Das Puzzle-Bild

Diese fünf Puzzleteile passen an ganz bestimmten Stellen in das große Puzzle-Bild. Aber wo? Suche die Stellen und trage die Nummern hier in die fünf Puzzleteile ein!

Kontrolliere: Zähle die Erkennungszahlen der fünf gesuchten Teile jetzt zusammen! ☐ + ☐ + ☐ + ☐ + ☐ = 140

Schnelldenker-Aufgabe:

Gesucht wird ein Rahmenteil. Seine Erkennungszahl ist kleiner als *50*, eine ungerade zweistellige Zahl, die ohne Rest durch *7* teilbar ist.
Findest du dieses Puzzleteil? Dann male es rot an!

- -

Erste-Hilfe-Kiste:

Schau dir die fünf Teile gut an. Es ist kein Rahmenteil dabei, also kannst du diese im großen Bild bereits durchstreichen.

Name: _____   Datum: _____

Die Füller-Knüller

Herr Schuldirektor Tintentod besitzt eine stattliche Sammlung von Schulfüllern.

✎ Zwei Füller sind genau gleich. Welche?

✎ Nur ein Füller zeigt genau auf die Nasenspitze des Herrn Direktors. Welcher?

Tipp: Verlängere die Füller mit deinem Lineal!

Lösungen:

✎ Die Erkennungszahlen der zwei gleichen Füller ergeben zusammengezählt die Summe *20*.

✎ Der Füller, der auf die Nasenspitze zielt, ist Füller Nummer:

asslbiäöemvbklesrnao. Lies jeden dritten Buchstaben!

Schnelldenker-Aufgabe:

Ein Füller zeigt genau auf den Krawattenknoten von Herrn Direktor Tintentod. Welcher Füller ist das?

Lösung: Es ist Füller Nummer *10 : 2 · 7 – 2 – 3*.

Konzentration/Gedächtnis 13

Name:	Datum:

Bitte Platz nehmen!

Die Stühle stehen bereit, die fünf Freunde können sich setzen, aber so einfach ist das gar nicht! Wer soll denn wo sitzen?
Male zuerst die fünf Stühle in den angegebenen Farben an!
Lies dann die Angaben durch und schreibe die Erkennungszahlen der Tiere auf die richtigen Stühle!

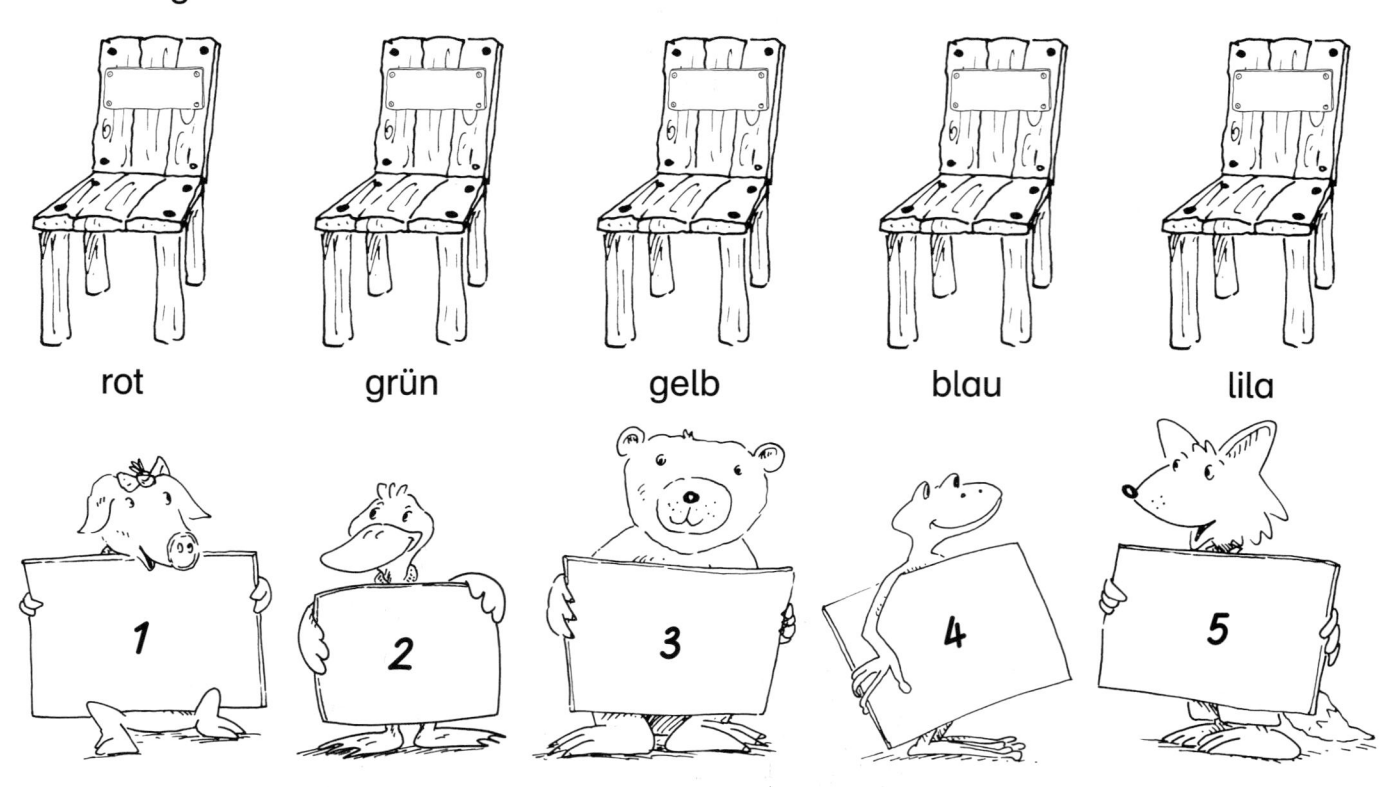

rot   grün   gelb   blau   lila

1   2   3   4   5

- Sam Fuchs und Fredi Frosch wollen keinesfalls nebeneinander sitzen.
- Elli Ente setzt sich nicht auf den lila Stuhl.
- Fredi Frosch möchte gerne zwischen den beiden Damen sitzen.
- Bruno Bär sitzt am liebsten auf dem grünen Stuhl.
- Heidi Schwein will um nichts auf der Welt neben Bruno Bär sitzen.
- Fredi Frosch sitzt zwei Stühle von Bruno Bär entfernt.

Kontrolliere:
Lies die Ziffern auf den Stühlen als eine Zahl zusammen und vergleiche mit dem fett geschriebenen Lösungswort:
e**dr**bei**u**znd**a**füs**nf**ezi**g**chtad**uns**en**g**d**zw**ei**v**hu**knd**m**erste**p**inu**tndr**vie**ur**hzig**f

Schnelldenker-Aufgabe:
Kannst du die Felder in diesem Teppich mit drei verschiedenen Buntstiften so anmalen, dass nie zwei gleiche Farbfelder aneinander grenzen?

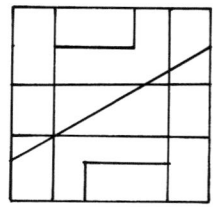

Die Alphabet-Botschaft

Heidi Schwein hat heute eine merkwürdige E-Mail erhalten. Darin steht: „Trage die Buchstaben des Alphabets der Reihe nach in die Kästchen ein. Wenn du bei „Z" angekommen bist, schreibst du das Alphabet einfach rückwärts weiter. Danach geht es wieder vorwärts und so weiter. Die Buchstaben in den grauen Feldern ergeben zusammen gelesen eine Botschaft."

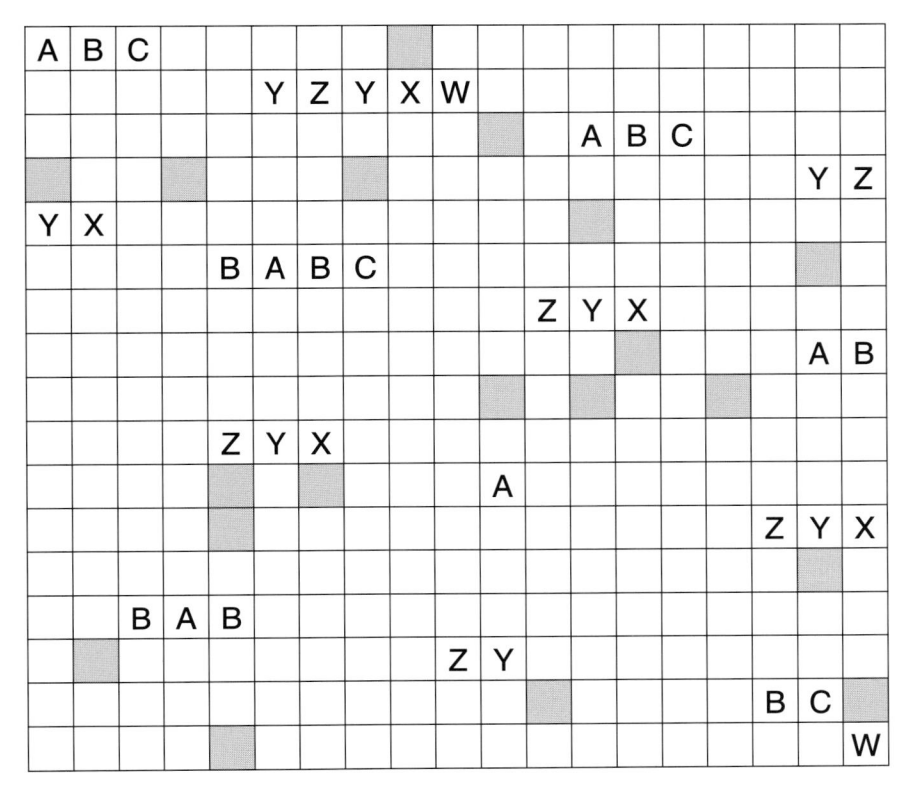

Damit du nicht durcheinanderkommst, habe ich schon ein paar Buchstaben eingetragen.

Wer hat die E-Mail an Heidi geschrieben? Male an!

Sam Fuchs    Herta Hase    Fredi Frosch    Bruno Bär    Mimi Maus

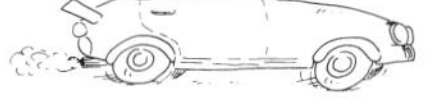

Schnelldenker-Aufgabe:

Wenn du das Alphabet rückwärts aufsagst, wie heißt dann der *11.*, der *9.*, der *18.*, der *14.* und der *26.* Buchstabe zusammen gelesen?

11. 9. 18. 14. 26.

Konzentration/Gedächtnis 15

Lösungen

Deutsch 1 (S. 5): In der Tierschule
Hase, Elefant, Zebra, Frosch, Fuchs, Katze, Pinguin, Schaf.
Das Pferd hat die Eins bekommen.
Schnelldenker-Aufgabe: Der Frosch und der Fuchs haben eine Zwei bekommen. Hase, Elefant, Zebra, Katze und Schaf haben eine Drei in Musik. Das Pferd und der Pinguin haben den gleichen Anfangsbuchstaben.

Deutsch 2 (S. 6): Sams Brief
Liebe Elli, mir geht es gut. Meine Tante ist nett. Sie bäckt jeden Tag Kuchen. Am Donnerstag gehen wir in den Zirkus.
Viele Grüße Dein Sam

Deutsch 3 (S. 7): Was ist denn das?
Prima gemacht.
Schnelldenker-Aufgabe: z. B. Dieses Tier hat einen Rüssel und Stoßzähne.

Deutsch 4 (S. 8): Wörter verdrehen
Grillwürstchen, Pflanzentopf, Fensterglas, Suppennudel, Gurkensalat, Türschloss, Schuhhaus, Kachelofen, Filterkaffee, Flaschenpfand, Goldzahn, Rathaus, Fingerring, Blumenwiesen, Speisequark, Zuchtpferde, Würfelspiel, Stammbaum, Kuhmilch, Rassehund, Gartenblumen.
Schnelldenker-Aufgabe: Trägerhosen, Trommelfell, Kusshand, Wurfspeer
Dosenfisch = Inhalt/Lebensmittel (Fisch), Fischdose = Verpackung

Deutsch 5 (S. 9): Die Wörter-Uhr
Haustür, Autoreifen, Apfelbaum, Kaufmann, Gummibaum, Baumhaus, Regenmantel, Schneemann, Gummireifen, Kaufhaus.
Quatschwörter: Gummimann, Schneeapfel, Schneeauto, Apfelregen, Reifenregen, …
Schnelldenker-Aufgabe: Regenreifen: 8.15 Uhr, Apfelschnee: 9.30 Uhr, Autotür: 7.10 Uhr, Gummiapfel: 11.45 Uhr

Deutsch 6 (S. 10): Das Riesenrad
Mit beiden Vorsilben ergeben folgende Verben sinnvolle Wörter: schlafen, schenken, teilen, treten, tragen, lassen, packen, bringen.
Katze (seifen), Hund (malen), Kuh (stürzen) und Hase (weihen) dürfen nicht mitfahren.
Schnelldenker-Aufgabe: schlafen, singen, reden, weisen, trinken.

Deutsch 7 (S. 11): Lies genau!
Begonien, Blumenkästen, gießen, jeder; Käfig, anderes, Ameisen, finden; Gummiband, sucht, lief, Schränke; anders, hinauf, selber, graben; Geschenk, Oma, vorletzter, Paket; Eisdiele, riesig, sausten, Kino; Abend, bimmeln, bammeln, Schaufel; zweifelte, ihm, Turnschuhen, Affe.

Deutsch 8 (S. 12): Ein Wort muss weg!
Das kannst du prima!

Deutsch 9 (S. 13): Wann, wo, wie?
1. Spalte
Z: bald, mittags, gestern, inzwischen; O: außen, zwischen, unten, oben, rechts, nah; W: eng, krank, weich, offen; X: unser, werden.
2. Spalte
Z: jetzt, immer, niemals, nachher, zuletzt, oft, manchmal, später; O: links, neben; W: kaputt, wertvoll; X: achtzig, beißen, beide, müssen.
3. Spalte
Z: abends, heute, irgendwann, rechtzeitig, montags; O: vorne, innen, dort, dahinter, drüben; W: blau, sonnig, vorsichtig, bunt; X: Willi, jemand.

Deutsch 10 (S. 14): Merkwürdige Vornamen
BüROSAchen, **NELKE**, AmERIKA, **JAN**uar, **WOLGA**, **BERNST**ein, Knochen**MARK**, **ZWILL**inge, **JUDO**, Be**UTE**l, **BELLEN**, Bade**ANNE**, **JULI**, **SPIT**zer, Sch**LOTTE**rn, Öl**TANKE**r, **FELSE**n, **KLOLA**mpe, **FIRMA**, Ti**GERDA**me, **LOTTO**spieler, **FINN**land, **KURT**axe, Musc**HELGA**rten, **KAI**ser, **CHORST**uhl, Räu**BERTA**t, Dil**EMMA**.
Schnelldenker-Aufgabe: Betty, Angela, Korbinian.

Deutsch 11 (S. 15): Die Katze im Sack
Schnelldenker-Aufgabe: Gründonnerstag, Känguru, Frosch.

Deutsch 12 (S. 16): Heidi Schweins Internet-Kontakt
Klapperschlange
Schnelldenker-Aufgabe: A

Deutsch 13 (S. 17): Das Doppelwörter-Spiel
Das kannst du ganz toll!
Schnelldenker-Aufgabe: S, R, E, E, A.

Mathe 1 (S. 18): Grau-schwarze Rechnungen
Grau, schwarz, grau, schwarz, grau, schwarz, schwarz, grau, schwarz.
Schnelldenker-Aufgabe: schwarz

Mathe 2 (S. 19): Ellis Rechenteppich

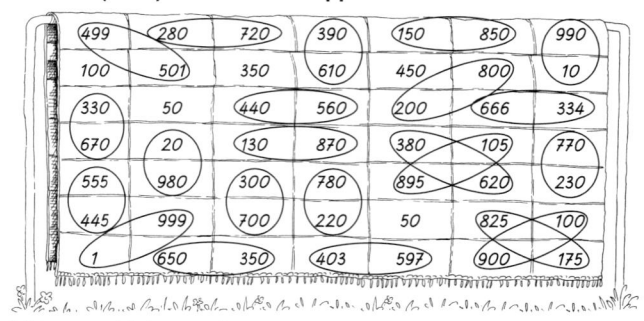

499	280	720	390	150	850	990
100	501	350	610	450	800	10
330	50	440	560	200	666	334
670	20	130	870	380	105	770
555	980	300	780	895	620	230
445	999	700	220	50	825	100
1	650	350	403	597	900	175

Lösungszahl: tausend.
Schnelldenker-Aufgabe: 50

Mathe 3 (S. 20): Das Treppenrätsel

5							
7	11				7		13
2	4	12			6	6	8
4	3	6	5	4	1	12	3

Schnelldenker-Aufgabe: 3

Mathe 4 (S. 21): Raketenstart
Mögliche Teiler: Rakete 120: 1, 2, 3, 4, 5, 6, 8, 10, 12, 15, 20, 24, 30, 40, 60, 120; Rakete 160: 1, 2, 4, 5, 8, 10, 16, 20, 32, 40, 80, 160; Rakete 200: 1, 2, 4, 5, 8, 10, 20, 25, 40, 50, 100, 200; Rakete 420: 1, 2, 3, 4, 5, 6, 7, 10, 20, 21, 42, 210, 420; Rakete 150: 1, 2, 3, 5, 6, 10, 15, 25, 30, 50, 75, 150; Rakete 180: 1, 2, 3, 4, 5, 6, 9, 10, 12, 15, 18, 20, 30, 36, 45, 60, 90, 180; Rakete 300: 1, 2, 3, 4, 5, 6, 10, 12, 15, 20, 25, 30, 50, 60, 75, 100, 150, 300; Rakete 240: 1, 2, 3, 4, 5, 6, 8, 10, 12, 15, 16, 20, 24, 30, 40, 48, 60, 80, 120, 240
Schnelldenker-Aufgabe: 360 oder 720 oder 1080 oder 1440 oder 1800 …

Mathe 5 (S. 22): Bonbons zu verkaufen
Sam: 9 Himbeerbonbons, Elli: 1 Himbeerbonbon und 5 Karamellbonbons, Charly Frosch: 10 Karamellbonbons, Heidi Schwein: 4 Himbeerbonbons und 4 Karamellbonbons, Mimi Maus: 2 Himbeerbonbons und 3 Karamellbonbons, Charlotte Schaf: 4 Himbeerbonbons und 2 Karamellbonbons.
Schnelldenker-Aufgabe: 20 Himbeerbonbons, 24 Karamellbonbons.

Mathe 6 (S. 23): Die Zahlen-Sortier-Maschine
Sack A: 61, 17, 342, 292, 89, 52, 477; Sack B: 766, 651, 883, 991, 502, 703, 640; Sack C: 4785, 4451, 9311, 1955, 3424, 2887, 8453, 3440; Sack D: 34508, 105689, 23755, 21345, 13686, 290280, 11035, 56528.
Schnelldenker-Aufgabe: Sack A: 477, Sack B: 991, Sack C: 9311, Sack D: 290280

Mathe 7 (S. 24): Ellis Zaubertafel
Das Ergebnis ist immer 102.
Schnelldenker-Aufgabe: 3 + 8 + 43 + 48 = 102, 13 + 18 + 33 + 38 = 102, 14 + 17 + 34 + 37 = 102, 15 + 16 + 35 + 36 = 102

Mathe 8 (S. 25): Der Rechenmarkt
Sam Fuchs und Bruno Bär: 1057, Elli Ente und Herta Hase: 24, Charly Frosch und Heidi Schwein: 72

Mathe 9 (S. 26): Die Ausmalautos
2098 = rot, 181311 = gelb; 128300 = blau; 403403 = grün; 86872 = rot; 653220 = blau; 58713 = rot, 15017 = gelb, 1001 = grün; 29455 = gelb, 23394 = rot, 99514 = blau.

Mathe 10 (S. 27): Tischtennispartner
228 + 772, 956 + 44, 835 + 165, 188 + 812, 675 + 325, 599 + 401, 342 + 658. 493 + die verlorene Zahl 507.
Schnelldenker-Aufgabe: 113

Mathe 11 (S. 28): Froschbacher Mathematikstunde

: 2, : 4, : 6, : 8, : 0, : 9, : 7, : 5, : 3, : 1.

Schnelldenker-Aufgabe: 972 : 108 = 9

Mathe 12 (S. 29): Die Knobelballons
1.: 6534, 9312, 8742, 6514; Elli; 2.: 3456, 1392, 2478, 1456; Elli; 3.: 3465, 1239, 2487, 1465.
Schnelldenker-Aufgabe: 1.: 6534; 2.: 3456, 1392, 1456; 3.: 2000.

Mathe 13 (S. 30): Tierische Rechenprobleme
Sam Fuchs: 16, 18; Elli Ente: 13, 39; Heidi Schwein: 24, 6; Fredi Frosch: 56, 7; Hubert Hirsch: 144, 12; Mimi Maus: 23, 138; Bruno Bär: 16, 12; Lola Katze: 14, 30.
Schnelldenker-Aufgabe: 74, 26

Mathe 14 (S. 31): Gespiegelt
Folgende Figuren sind die Spiegelbilder:

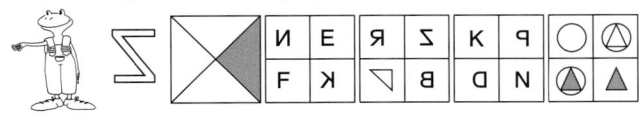

2 + 3 + 1 + 2 + 3 + 2 + 1 = 14
Schnelldenker-Aufgabe: 8

Mathe 15 (S. 32): Wertvolle Namen
Sam: S + A + M = 19 + 1 + 13 = 33, Heidi: H + E + I + D + I = 8 + 5 + 9 + 4 + 9 = 35, Herta: H + E + R + T + A = 8 + 5 + 18 + 20 + 1 = 52, Fredi: F + R + E + D + I = 6 + 18 + 5 + 4 + 9 = 42

Sachunterricht 1 (S. 33): Die Bundesländer in Deutschland

Sachunterricht 2 (S. 34): Rund ums Fahrrad
Fahrradpumpe, Fahrradkeller, Fahrradschlauch, Fahrradreifen, Fahrradprüfung, Fahrradständer, Fahrradpedale, Fahrraddieb, Fahrradlampe, Fahrradweg, Fahrradsattel, Fahrradbesitzer, Fahrradtasche, Fahrradhelm, Fahrradklingel, Fahrradfahrerin, Fahrradfahrt, Fahrradbremse, Fahrradgeschäft, Fahrradkette.

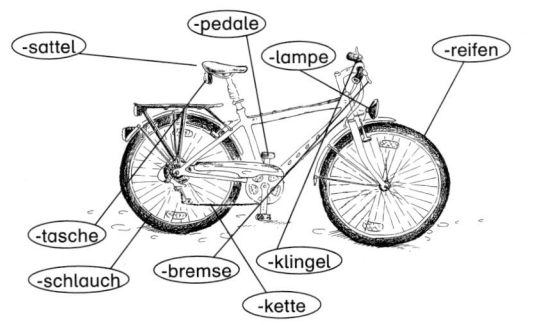

Schnelldenker-Aufgabe: Dreirad, Fahrrad, Wasserrad, Windrad, Klapprad, Rennrad, Zahnrad, Kinderrad, Hochrad, Reserverad, Riesenrad, Damenrad, Geländerad, Kamerad, Lenkrad, Motorrad, Steuerrad, Stützrad.

Sachunterricht 3 (S. 35): Von Kontinent zu Kontinent
Afrika: Giraffe (4), Löwe (6), Zebra (12);
Amerika: Lama (13), Indianer (3), Freiheitsstatue (9), Kaktus (14);
Asien: Chinese (2), Schlangenbeschwörer (7), Rikscha (11);
Australien: Känguru (5), Opernhaus in Sydney (10).
Europa: Towerbridge (15), Schloss Neuschwanstein (8), Eiffelturm (1);
Schnelldenker-Aufgabe:
Afrika: afrikan. Elefant, Antilope, Nashorn, Hyäne, Kamel, …;
Amerika: Puma, Grizzlybär, Alpaka, Panther, Stinktier, …;
Asien: Pandabär, Tiger, indischer Elefant, …;
Australien: Koalabär, Wombat, Dingo, Schnabeltier, Emu, … .
Europa: Wolf, Fuchs, Elch, Kaninchen, Luchs, Dachs, …;

Sachunterricht 4 (S. 36): Das verkehrssichere Fahrrad
Bild 1: Rücklicht, Bild 2: Klingel, Bild 3: Pedale,
Bild 4: Seitenrückstrahler, Bild 5: Fahrradlampe

Sachunterricht 5 (S. 37): Tiere und ihre Behausungen
Super gemacht!

Sachunterricht 6 (S. 38): Kleine Flaggen-Kunde
Schnelldenker-Aufgabe: Niederlande und Luxemburg (evtl. auch Frankreich und Russland), Italien und Irland (evtl. auch Ungarn).

Englisch 1 (S. 39): Das Wörter-Spiel

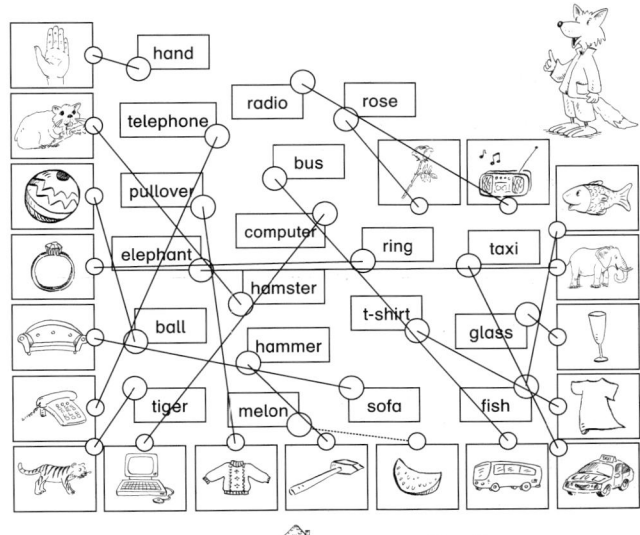

Schnelldenker-Aufgabe: = house, = mouse, = cat, = crocodile, = banana, = lamp.

Englisch 2 (S. 40): Die Buntstifte
yellow = gelb, black = schwarz, green = grün, brown = braun, white = weiß, blue = blau, red = rot, grey = grau, pink = rosa.

Englisch 3 (S. 41): Die Zahlen
1: rot, 2: schwarz, 3: rosa, 4: blau, 5: orange, 6: braun, 7: gelb, 8: grün, 9: grau, 10: weiß.
Schnelldenker-Aufgabe: 5 + 1 = six, 2 + 7 = nine, 10 − 5 = five, 6 + 4 = ten, 9 − 8 = one, 8 − 6 = two, 9 − 6 = three, 7 − 3 = four.

Englisch 4 (S. 42): Welche Zahlen fehlen?
Five, nine, eight, three, ten, four, seven, one, six.
Schnelldenker-Aufgabe: Eight > five, seven < nine, four > two, ten > one, three < eight, two < nine, six < eight, four < six, ten > seven.

Englisch 5 (S. 43): Die Tierbilder
3 blaue Schweine, 2 graue Frösche, 5 gelbe Fische,
1 grüne Katze, 1 roter Elefant, 2 orange Kühe,
7 schwarze Würmer, 3 blaue Hunde, 6 rosa Krokodile.

Englisch 6 (S. 44): Vokabel-Quiz
Car, t-shirt, house, frog, hamster, tiger, giraffe, pig, pullover, cow, sofa, radio, boat, piano, bus.

Englisch 7 (S. 45): Ellis Wörterquatsch
Book, fish, table, sofa, radio, rose, boat, ball, ring, hand, hammer, cat.
Schnelldenker-Gedächtnis-Training: Bus, Ring, Auto, Sofa, Buch, Radio, Rose, Hand, Telefon, Hammer.

Englisch 8 (S. 46): Wie spät ist es? – What time is it?

It's ten o'clock. It's three o'clock. It's nine o'clock.

Englisch 9 (S. 47): Die Wörter-Ballons
Elephant, computer, big, table, green.
Schnelldenker-Aufgabe: Kevin, Samantha, Eric.

Englisch 10 (S. 48): Charlie's new home
Sofa, chair, bed, spoon, pot, stove, armchair, table, bowl, plate, knife, shelf, picture, cup, ball, carpet, pillow, blanket.
Schnelldenker-Aufgabe: Bed, chair, table, armchair, sofa, shelf, cupboard, desk.

Englisch 11 (S. 49): Yes or no?
Yes, no, yes, no, yes, no, no, no, yes, no, yes, yes, no, yes, yes, no, yes, no, yes.
Schnelldenker-Aufgabe: Yes, no, no.

Kreativität/Handarbeit 1 (S. 50): Ein Ufo über Froschbach
Schnelldenker-Aufgabe: Die Reihenfolge der Wochentage lautet: Dienstag, Donnerstag, Freitag, Mittwoch, Montag, Samstag, Sonntag. Übermorgen ist Samstag.

Kreativität/Handarbeit 2 (S. 51): Zweckentfremdet
Z. B. als Fliegenklatsche, als Geschenkpapier, eingerollt als Fernrohr, einen Hut daraus basteln…

Kreativität/Handarbeit 5 (S. 54): Dagobert Dachs und der Geldregen
Mögliche Gründe: Er hat im Lotto gewonnen oder viel Geld geerbt. Oder er hat so viel Geld angespart und will jetzt anderen damit helfen. Vielleicht gefällt es ihm einfach, wenn er anderen damit eine Freude bereiten kann.
Schnelldenker-Aufgabe: 1. Spielzeug kaufen, alle Freunde auf ein Eis einladen, …; 2. Sie denkt vielleicht, es könnte Falschgeld sein.

Konzentration 1 (S. 55): Das Doppelmuster
Toll
Schnelldenker-Aufgabe: 2 und 4

Konzentration/Gedächtnis 2 (S. 56): Das Pfoten-Sudoku

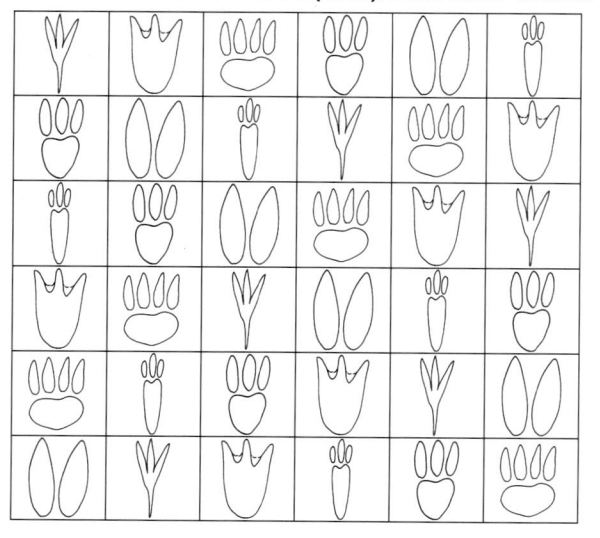

Konzentration/Gedächtnis 3 (S. 57): Berufe raten
Zahnarzt, Musiklehrerin, Hausmeister.

Konzentration/Gedächtnis 4 (S. 58): Schau genau!
8; in der 9. Zeile/7. Spalte; 4. Spalte; 3. Zeile; Haus (2. Zeile/6. Spalte).
Schnelldenker-Aufgabe: In der 10. Zeile stehen zwei Autos nebeneinander.

Konzentration/Gedächtnis 5 (S. 59): Abfahrt 10 Uhr!
9.45 Uhr: Mimi Maus, 9.47 Uhr: Herta Hase, 9.51 Uhr: Fredi Frosch, 9.53 Uhr: Sam Fuchs, 9.55 Uhr: Heidi Schwein, 9.59 Uhr: Elli Ente.

Konzentration/Gedächtnis 6 (S. 60): Die Dreieckskuh
25

Konzentration/Gedächtnis 7 (S. 61): Die neue Nachbarin
Giraffe
Schnelldenker-Aufgabe: Hase, Maus, Pinguin.

Konzentration/Gedächtnis 8 (S. 62): Im Kreis herum
Ja, nein, ja, nein, ja, ja, nein, ja, ja, nein, ja.
Schnelldenker-Aufgabe: Nur der letzte Satz stimmt noch.

Konzentration/Gedächtnis 9 (S. 63): Ansichtssache
U, p, m, m.
Schnelldenker-Aufgabe: Toll

Konzentration/Gedächtnis 10 (S. 64): Punkt für Punkt
Spitze
Schnelldenker-Aufgabe: Zwölf

Konzentration/Gedächtnis 11 (S. 65): Die Kreuzchen-Bilder

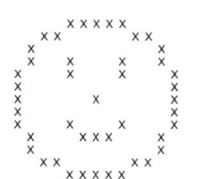

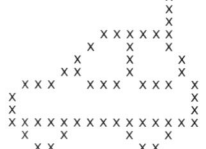

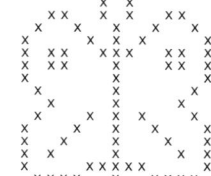

Konzentration/Gedächtnis 12 (S. 66): Das Puzzle-Bild
12, 18, 31, 35, 44.
Schnelldenker-Aufgabe: Teil 49

Konzentration/Gedächtnis 13 (S. 67): Die Füller-Knüller
Füller 4 und 16 sind genau gleich. Füller 7 zeigt genau auf die Nasenspitze.
Schnelldenker-Aufgabe: Füller 30 zeigt auf den Krawattenknoten.

Konzentration/Gedächtnis 14 (S. 68): Bitte Platz nehmen!
Rot: Sam, grün: Bruno, gelb: Elli, blau: Fredi, lila: Heidi. 53 241
Schnelldenker-Aufgabe:
Mehrere Lösungen sind möglich, z. B.

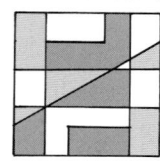

Konzentration/Gedächtnis 15 (S. 69): Die Alphabet-Botschaft
„Ich komme morgen! Fredi"; Fredi Frosch hat die E-Mail geschrieben.
Schnelldenker-Aufgabe: Prima